FIGURES ET PARABOLES

PAUL CLAUDEL

# FIGURES
# ET PARABOLES

GALLIMARD

# LES QUATRE ANIMAUX SAGES

*(Quelques principes d'exégèse)*

L'auteur du Chapitre XXX du Livre des Proverbes est désigné comme *Celui qui rassemble*, fils de *Celui qui vomit*. L'annotateur de l'édition que j'ai sous les yeux remarque *que cette indication est obscure et que l'on doit renoncer à en donner le sens d'une manière certaine.* Pourquoi donc ? *Celui qui vomit*, c'est le poète lyrique qui trouve au fond de son cœur la ressource d'un flot inépuisable de paroles. Je songe à ce torrent sortant d'une bouche de marbre qu'on appelle les *Aquae Paulinae* au Janicule près desquelles j'aimais tant à m'asseoir. Et son *fils* est le compositeur industrieux qui utilise avec astuce et art les éléments fournis par cette éruption intarissable de la provision autochtone.

Je ne sais auquel des deux est due aux versets 24-28, l'indication des quatre espèces d'animaux *qui sont les plus petits sur la terre et qui sont plus sages que les sages.* Ce sont, paraît-il, *les fourmis, peuple infirme qui prépare au temps de la moisson la nourriture pour soi ; — le lapin, peuple faible, qui place dans la pierre sa couche ; — la sauterelle n'a pas de roi et elle sort universelle par ses bataillons ; — le lézard prend appui sur ses mains et demeure dans les palais du Roi.*

Il faut avouer que ce choix est assez inattendu. Passe encore pour la fourmi qui a toujours été citée comme le modèle de la prévoyance coopérative. Mais qui aurait songé à citer comme parangons de sagesse le lapin, ami de La Fontaine et cousin de ce lièvre dont la cervelle à l'évent a donné lieu à un proverbe anglais ; la sauterelle dévastatrice aux explosions toujours inattendues et enfin ce *lazzarone,* le lézard, à qui l'on chercherait en vain des qualités parentes de celles de la fourmi.

Mais le *Fils de Celui qui rassemble, fils de Celui qui expectore,* avait son idée qu'une attention sympathique nous permettra de

retrouver. C'est aux commentateurs ortho-
doxes de l'Écriture que s'adresse son discours
allégorique.

Ne peut-on en effet les comparer aux
fourmis qui bâtissent leur demeure de bribes
et de fétus de toutes parts ramassés avec
une industrie et une patience infatigables ?
ne sont-ce pas ces *scribes*, loués par Notre-
Seigneur et toujours occupés à ranger, à
rassembler dans leur trésor des choses
*anciennes et nouvelles*, anciennes par l'origine
et nouvelles par les sens toujours renouvelés
que nous leur trouvons ? comme les fourmis passent leur temps à sortir sans fin
puis à rentrer ces œufs qui contiennent leur
progéniture, ainsi ces pensées qui n'arrive-
raient pas à maturité sans des alternatives
de méditation et d'exposition au soleil de
la Grâce et aux impitoyables rayons de la
critique.

Et quant au lapin, ne peut-on le louer,
en excellent catholique, d'avoir choisi la
pierre pour y faire sa couche ? quelle résidence à la fois plus sûre et plus agréable,
quel refuge meilleur contre les intempéries ?
qui ne le louerait d'avoir choisi pour y

prendre ses ébats ces lieux parfumés et lumineux au flanc d'une colline bien exposée, plutôt que la boue et le brouillard ? Et de plus il n'y a qu'à le regarder pour voir qu'il n'est rien qu'oreilles et vigilance. Sans parler de cette *rumination* symbolique qu'un texte respectable attribue à son cousin le Lièvre (je regrette de ne pas avoir à ma disposition la particule honorifique Japonaise) ci-dessus mentionné.

La sauterelle qui nous part ici dans les jambes est plus inattendue. *Elle n'a point de roi*, dit notre texte (1), traduisons : elle n'a point de conducteur de sa propre espèce. Elle n'a pas à compter pour se guider sur l'intelligence et l'expérience humaines. *Les fils d'Agar* dit Baruch 3-23 *qui recherchent cette prudence qui est de la terre, les négociateurs de Merrha et de Theman, les fabricants de fictions, les chercheurs de prudence et d'intelligence, ils n'ont pas connu la voie de*

(1) De la fourmi elle-même il est remarqué précédemment qu'elle n'a *ni chef, ni professeur, ni prince*. Et cependant c'est elle, si l'on en croit la légende, qui sut conduire un poil de la barbe de Salomon par un pertuis tortueux à travers cette perle insidieuse que lui offrait la Reine de Saba.

*la Sagesse et ils ne se sont pas souvenus de ses sentiers.* De voie au travers de la Bible il n'y en a pas d'autre que Jésus-Christ et pour la trouver il faut avoir des ailes et s'élever au-dessus de ces immenses étendues qui à l'explorateur pédestre paraissent confuses et déconcertantes. L'instrument de direction de la sauterelle est le vent et l'instinct et l'instrument de sa puissance est le nombre. Je veux dire qu'elle doit s'arranger pour être, comme dit notre texte, *universelle,* c'est-à-dire catholique et pour couvrir à la fois sous le flot de son avancement irrésistible tout l'ensemble d'immenses territoires. Elle se divise comme d'elle-même en bataillons, sans autre méthode ou commandement que ce désir dévorateur. Tout ce qui est vert est sa proie : elle est prête à transformer chaque brin d'herbe en parole.

Et quant au lézard avec son cri de guerre : *gekko ! gekko !* par lequel il s'encourage et se fait écho à lui-même, sa mention éveillera un souvenir sympathique chez tous ceux à qui il est arrivé de passer une nuit sans sommeil sous les climats voisins de l'Équateur. Notre texte nous dit qu'*il prend son appui sur ses mains*, ce qui veut dire que cet organe épanoui du tact au bout de ses quatre bras est aussi le moyen de son appréhension et de son progrès. Ainsi le fidèle qui loin d'être gêné par cette adhésion de toute son âme aux vérités de l'Église y trouve la surface appropriée et se promène comme chez *lui dans la maison du Roi*. Pourvu de cette obéissance amoureuse, adhérant par le moyen du vide, c'est-à-dire par le désir plutôt que par le poids, tout lui est ouvert, tout lui devient facile, il est à l'aise. En haut, en bas, il s'accommode de tout, il dispose de positions qui répondent à toutes les dimensions. C'est un éclair toujours prêt à partir et à frapper dans tous les sens, et il ne s'aperçoit même pas de ce regard inquiet qui le suit quand, dans sa chasse vertigineuse, il traverse l'immense plafond la tête en bas, instantané, et gobe cet atome de bruit, un moustique, une puce ailée ! pour lequel les tristes araignées ont vainement tendu dans tous les coins leurs énormes draperies poussiéreuses.

# MORT DE JUDAS

*Judas autem laqueo se suspendit.*

On ne peut vraiment pas dire que chez moi ç'ait été ce que les gens appellent un feu de paille. Ni un enthousiasme puéril qui m'ait entraîné, ni un sentiment que je ne vois guère moyen de qualifier autrement que de « sentimental ». C'était quelque chose d'absolument sérieux, un intérêt profond. Je voulais en avoir le cœur net, je voulais savoir où Il allait. De son côté, quand Il m'a appelé, je suis bien forcé de supposer que distinctement Il savait ce qu'Il faisait. Pour Le suivre sans hésiter j'ai sacrifié ma famille, mes amis, ma fortune, ma position. Il y a toujours eu chez moi une espèce de curiosité scientifique ou psychologique, appelez ça comme vous voudrez, et en même temps un goût d'aventure et de spéculation. Toutes ces histoires de perle inestimable, de domaines mystérieux on ne sait où qui rapportent cent pour un, de Royaume imminent dont les charges nous seront distribuées, il faut avouer que tout cela était de nature à enflammer dans le cœur d'un jeune homme les plus nobles ambitions. J'ai mordu à l'hameçon. D'ailleurs je ne suis pas le seul à m'être laissé prendre. Il y avait tous ces bons râcleurs de poissons. Mais d'autre part je voyais des personnalités abondantes et considérées comme Lazare, des femmes du monde, des autorités en Israël comme Joseph et Nicodème, se prosterner à Ses pieds. On ne sait jamais. Après tout, depuis que les Romains sont arrivés, on peut dire que l'on en a vu de toutes les couleurs. Moi, j'ai voulu savoir au juste ce qu'il en était et suivre la chose de bout en bout.

J'ose dire que parmi les Douze c'était moi de beaucoup le plus instruit et le plus distingué. J'étais un crédit pour la troupe. Évidemment, il y avait Simon Pierre, on n'aurait pas eu le cœur de le chasser ou de lui refuser la première place. Il n'y avait qu'à regarder ses bons yeux de chien affectueux, et cette grimace d'enfant qui va pleurer

quand on lui adressait des reproches, ça lui
arrivait plus souvent qu'à son tour. Moi,
j'ai toujours été correct. J'avais mon service, il n'y avait pas à m'en demander plus.
Autrement c'est le désordre. On appréciait
tout de même mon jugement, mes manières,
ma connaissance du monde et des Écritures,
mon savoir-faire avec les clients. J'ai été un
des premiers à passer Apôtre, un de ceux
à qui on a passé une corde autour du cou,
ce que vous appelez maintenant une étole.

J'étais ce que l'on appelle *un bon admi-
nistrateur*, c'était là ma spécialité. Évidemment, c'est plus distingué de ne pas toucher à l'argent : il faut tout de même qu'il
y ait quelqu'un qui s'en occupe et que ce
ne soit pas le plus manchot. On ne peut
pas vivre éternellement en se remplissant
les poches des épis qui vous tombent sous
la main. Les propriétaires finissent par vous
regarder d'un drôle d'air. Nous étions toujours au moins treize à table, sans parler
de l'imprévu. Pour tenir la bourse il fallait
un homme qui sût tout ce que l'on peut
tirer d'un denier d'argent. Nourrir treize
personnes avec un denier d'argent, c'est

presque aussi difficile que d'en alimenter 5.000 avec deux petits poissons. (On me l'a dit, je ne l'ai pas vu). Le soir tout de même quand on avait fini de considérer les lys des champs on était heureux de trouver la soupe prête.

Que d'histoires on m'a faites parce que de temps en temps je faisais un petit virement à mon compte personnel ! *Erat enim latro.* C'est bientôt dit. Étais-je un Apôtre, oui ou non ? n'avais-je pas à tenir mon rang ? C'était l'intérêt général que je n'eûsse pas l'air d'un mendiant. Et d'ailleurs n'est-il pas écrit au Livre du *Deutéronome* (XXV, 4) : *Tu ne lieras pas la bouche du bœuf triturant* ? Quand je courais de droite et de gauche, que je rappelais leurs promesses aux souscripteurs appesantis, que je préparais les logements, que j'embaumais les chefs de synagogues pour préparer la lecture du Samedi (il faut voir si c'était commode !), quand je faisais toute cette besogne de procureur sans un mot d'appréciation ou de remerciement, qu'en dites-vous ? Triturais-je ou ne triturais-je pas ? moi, j'ai le ferme sentiment que je triturais.

N'en parlons plus.

Ça ne fait rien, je suis content d'avoir vu tout ça. Vous me demandez si j'ai vu des miracles. Bien sûr que j'en ai vu. Nous ne faisions que ça. C'était notre spécialité. Les gens ne seraient pas venus à nous si nous n'avions pas fait de miracles. Les premières fois il faut avouer que ça fait impression, mais c'est étonnant comme on s'y habitue. J'ai vu les camarades qui bâillaient ou qui regardaient le chat sur un mur pendant que des files de paralytiques se levaient au commandement. J'ai fait des miracles moi-même tout comme les autres. C'est curieux. Mais je me permets de vous le demander en toute sincérité, qu'est-ce que ça prouve ? Un fait est un fait et un raisonnement est un raisonnement. Cela m'agaçait quelquefois. Par exemple on savait que l'éternelle question du sabbat allait être remise sur le tapis. Les gens de la synagogue m'avaient expliqué leur ligne d'argumentation, moi-même je m'étais permis de leur donner quelques petits conseils, c'était passionnant. Eh bien ! à peine avait-on ouvert la séance qu'à point nommé, au moment le plus crucial, se présentait quelque cul-de-jatte qu'on remettait immédiatement sur ses pieds, et adieu la discussion ! Je ne trouve pas ça loyal. Au beau milieu des débats les plus intéressants, on entendait un bruit sur le toit, les tuiles commençaient à nous dégringoler sur la tête, c'est un mort qu'il fallait ressusciter *hic et nunc* ! Dans ces conditions il n'y a plus de discussion possible ! C'est trop facile ! ou du moins... Enfin vous comprenez ce que je veux dire.

Au premier abord, tous ces malades qu'on guérit, ces aveugles qui voient clair, c'est magnifique ! Mais moi qui restais en arrière, si vous croyez que ça allait tout seul dans les familles ! J'ai vu des scènes impayables. Ces estropiés, on en avait pris l'habitude, et voilà qu'ils réclamaient leur place ! Un paralytique qu'on a remis sur ses pieds, vous n'avez pas idée de ce que c'est ! c'est un lion déchaîné ! Tous ces morts qu'on avait découpés en petits morceaux, les voilà, recousus, qui redemandent leur substance. Si l'on n'est plus sûr même de la mort, il n'y a plus de société, il n'y a plus rien ! C'est le trouble, c'est le désordre partout.

Quand notre troupe arrivait dans un village, je regardais les gens du coin de l'œil, il y en avait qui faisaient une drôle de figure.

Et les démoniaques ! il y en avait qui n'étaient pas du tout contents d'être débarrassés de leur démon : ils en avaient pris l'habitude, ils y tenaient autant qu'une petite sous-préfecture tient à sa garnison, — et qui faisaient tous leurs efforts pour le ravaler. C'était à se tordre !

Tout mon malheur est qu'à aucun moment je n'ai pu perdre mes facultés de contrôle et de critique. Je suis comme ça. Les gens de Carioth sont comme ça. Une espèce de gros bon sens. Quand j'entends dire qu'il faut tendre la joue gauche, et payer aussi cher pour une heure de travail que pour dix, et haïr son père et sa mère, et laisser les morts ensevelir leurs morts, et maudire son figuier parce qu'il ne produit pas des abricots au mois de mars, et ne pas lever un cil sur une jolie femme, et ce défi continuel au sens commun, à la nature et à l'équité, évidemment je fais la part de l'éloquence et de l'exagération, mais je n'aime pas ça, je suis froissé. Il y a en moi un appétit de logique, ou si vous aimez mieux une espèce de sentiment moyen, qui n'est pas satisfait. Un instinct de la mesure. Nous sommes tous comme ça dans la cité de Carioth. En trois ans je n'ai pas entendu l'ombre d'une discussion raisonnable. Toujours des textes et encore des textes, ou des miracles, ça, c'est la grande ressource ! — ou des petites histoires qui ont leur charme, je suis le premier à le reconnaître, mais qui sont entièrement à côté. Par exemple on voudrait causer un peu d'homme à homme, et tout de suite qu'est-ce qu'on vous met dans la main ? *Avant qu'Abraham ne fût Je Suis.* Voilà des choses qui vous tombent du ciel, si je peux dire ! qui vous cassent bras et jambes. Comment s'étonner que cela vous fasse un peu grincer des dents ? *Qui es-tu donc ? explique-toi un peu à la fin ! pourquoi nous balances-tu de cette manière intolérable ! il faut en finir ! il faut nous dire qui tu es !* Et savez-vous la réponse, je l'ai entendue de mes oreilles ! *Le Principe qui vous parle.* Moi aussi je suis un homme de principes, mais de là à s'entendre envoyer dans la figure des choses pareilles ! on n'a pas le droit de parler comme ça !

Et tant qu'aux petites histoires, elles ne sont pas toutes originales, il y en a que j'avais lues par-ci par-là, et puis à force de les entendre débiter, j'avais fini par les connaître par cœur. Dès que ça commençait j'aurais pu aller jusqu'au bout sans points ni virgules, les yeux fermés et la langue dans le coin de la joue. C'était toujours le même répertoire. Tout cela entremêlé d'injures atroces et des insinuations les plus malveillantes. Par exemple cette histoire de Lazare et de Dives que je n'ai jamais entendu raconter, et souvent à la table de Simon lui-même, sans un véritable embarras. Je ne savais où me fourrer !

C'est pour en revenir aux Pharisiens et pour vous expliquer leur situation. Il ne faut pas trop leur en vouloir. On les avait mis au pied du mur. Ou Lui, ou nous. Sa peau ou la nôtre. S'il a raison, c'est nous qui avons tort. Si on Lui laisse dire ainsi ouvertement qu'Il est le Messie, c'est qu'Il L'est. Et s'Il est le Messie, alors nous, qu'est-ce que nous sommes ? qu'est-ce que nous faisons dans le paysage ? Il n'y a pas à sortir de là !

C'est pourquoi, possédant cette équité naturelle que j'ai dite, et voulant connaître l'autre côté des choses, je me suis mis à fréquenter les Pharisiens, en qui j'ai trouvé, je dois le dire, des gens parfaitement polis et bien élevés. A la fin j'ai eu gravement à me plaindre d'eux, mais cela ne m'empêchera pas de leur rendre justice. L'intérêt national, l'ordre public, la tradition, le bon sens, l'équité, la modération, étaient de leur côté. On trouve qu'ils ont pris des mesures un peu extrêmes, mais comme Caïphe, qui était grand-prêtre cette année-là, nous le faisait remarquer avec autorité : *Il est expédient qu'un homme meure pour le peuple.* Il n'y a rien à répondre à ça. Parmi eux il y avait un esprit remarquable, originaire de la région de Gaza, si je ne me trompe. C'est lui qui m'a ouvert les yeux, ou plutôt, si je peux dire, qui m'a rendu le cou flexible, me permettant de regarder de différents côtés, car auparavant j'étais comme les gens de mon peuple, j'avais la nuque raide, je ne regardais ni à droite ni à gauche ni en arrière, je ne voyais pas plus loin que le bout de mon nez. (Et je dois dire que pour cette nuque raide, j'ai suivi un traitement radical ! Ha ! Ha ! Ne faites pas attention. C'est une petite plaisanterie). Quand il a appris que j'étais un disciple de Qui-Vous-Savez, croyez-vous qu'il se soit moqué de moi ? Il m'a félicité au contraire. Il y a des choses excellentes, m'a-t-il dit, dans l'enseignement de Qui-vous-savez. Je l'écoute souvent avec plaisir. Moi-même dans cette inspiration j'ai composé un petit recueil intitulé : *Cantiques pour le mois de Nizan* qui a mérité l'admiration de Nicodème. Mais il faut voir les choses de plus haut. Il faut dominer les questions. Enrichissez-vous ! voilà ma devise. Développez-vous dans le sens que vous indique votre démon intérieur. Qu'il y ait toujours place pour quelque chose dans les soutes insatiables de votre esprit. Achevez votre statue. Quant à moi, païen avec les païens, je suis chrétien avec les chrétiens et chamelier avec les enfants d'Ismaël. Impossible de me distinguer de l'article authentique (1). Par exemple nul plus que moi

(1) Qu'il dit

n'admire l'héroïque obstination des Macchabées. C'est même le poëme épique que j'ai écrit à ce sujet qui m'a valu l'entrée du Sanhédrin. Et cependant cette civilisation grecque à laquelle ils s'opposaient, quelle tentation ! que de belles choses ! pourquoi la rejeter si brutalement ? Il y avait des raisons nationales, je le sais ! mais combien davantage, je vous le dis tout bas, m'est sympathique l'attitude raisonnable et éclairée d'un véritable clerc, d'un digne prélat, comme celui dont une histoire partiale a travesti les intentions : le grand prêtre Jason ! Et cette belle statue de Jupiter par Polyclète, comment nous consoler de l'avoir perdue, grâce au zèle farouche de ce Matathias ! — Ainsi parlait le grand homme et il me semblait que littéralement il m'expliquait à moi-même. Je me développais à vue d'œil sous ses paroles, je poussais des feuilles et des branches, ou, si vous aimez mieux, j'étais dans un trou, et il déployait devant mes yeux un panorama. C'est comme s'il m'avait porté avec lui sur le sommet du temple et m'avait montré tous les royaumes de la terre en me disant : Ils sont à toi.

Vous voulez savoir le nom de ce grand homme ? Il est bien connu. Il s'appelle G... (1). Excusez-moi si je ne peux achever. J'ai un peu mal à la gorge. Sa mémoire est en vénération dans toutes les Universités. A ce nom sacré tous les professeurs sont saisis d'un tremblement et se prosternent la face contre terre.

Vous pensez bien que ce petit drame psychologique avait altéré mes relations avec les Onze. J'ai été victime d'actes odieux de la part de ces grossiers. Mais sur l'incident qui a consommé la rupture je tiens à établir la vérité.

Depuis longtemps nous étions en relations avec une riche famille de Béthanie à laquelle appartenait le fameux Lazare, et nous ne nous faisions pas faute de puiser dans leur trésorerie, tout cela en désordre, au jour le jour, sans vue de l'avenir. Je voulais régulariser. Mon idée était d'établir à Béthanie une espèce de base financière, d'organisation administrative sur laquelle nous pourrions

---

(1) — Vous êtes un homme, Monsieur Gœthe !
— Hélas, non ! ce n'était qu'un surhomme, c'est-à-dire un pauvre diable.

nous appuyer. Je comptais spécialement pour cela sur Marie Madeleine. La fortune de Marthe et de Lazare consistait surtout, je m'en étais assuré, en hypothèques et biens fonciers difficiles à liquider. Marie Madeleine au contraire possédait une assez grosse somme en numéraire, bijoux, effets personnels, etc. Et dans un pays pauvre comme la Judée on va loin avec rien qu'un petit peu d'argent comptant. On a des occasions de placement. J'avais tout expliqué à cette personne, malgré le peu de sympathie que m'inspirait son passé d'immoralité. Je croyais que tout était arrangé.

Tout à coup la porte s'ouvre, — nous étions chez Simon le Lépreux — et à l'instant j'ai senti mes cheveux se dresser sur ma tête ! je ne comprenais que trop ce qui allait se passer ! Une de ces scènes théâtrales dont je n'ai jamais pu être le témoin sans me sentir tout le corps crispé par cette espèce de chair de poule qu'inflige une atroce inconvenance ! Figurez-vous que cette dinde avait porté tout cet argent, — cet argent en somme qui n'était plus à elle et qu'elle m'avait promis, — au bazar, en se faisant

indignement voler naturellement, pour ache-
ter de la parfumerie ! Il y en avait plein
une petite fiole de terre blanche, je la vois
encore ! Là-dessus elle se met par terre à
quatre pattes, trop heureuse de faire l'éta-
lage de ses remarquables cheveux, et, bri-
sant la fiole sur les pieds de l'Invité, elle
répand tout notre capital !

C'était le bouquet !

Vous comprenez qu'après cela il n'y avait
plus à hésiter. De la maison de Simon je ne
fis qu'un saut jusqu'au Sanhédrin et la
chose fut réglée en un tournemain. J'ose
dire que tout fut arrangé de la manière la
plus heureuse avec le minimum de violence
et de scandale, la relation officielle en fait
foi. J'étais au courant des aîtres et je savais
exactement le lieu et l'heure où nous trou-
verions les amis de notre maître assoupis.

Je me souviendrai toujours de ce moment.
Quand on prend congé d'une personnalité
distinguée à laquelle on a prodigué pendant
trois ans des services aussi loyaux que gra-
tuits, l'émotion est compréhensible. C'est
donc dans les sentiments de la sympathie
la plus sincère, mais avec en même temps

cette satisfaction dans le cœur que procure la conscience du devoir accompli que je déposai sur Ses lèvres, à la manière orientale, un baiser respectueux. Je savais que je rendais à l'État, à la religion, à Lui-même, un service éminent, — aux dépens peut-être de mes intérêts et de ma réputation, — en L'empêchant désormais de troubler, — avec les meilleures intentions du monde ! — les esprits faibles, de semer dans la population l'inquiétude, le mécontentement de ce qui existe et le goût de ce qui n'existe pas. Comment s'étonner après cela de cette larme honorable que fait sourdre, au coin de tout œil bien né, le pressentiment, mêlé à l'approbation de notre démon intérieur, de l'incompréhension générale qui va nous envelopper ? J'avais pour me consoler cette forte maxime que l'ami dont je vous parlais tout à l'heure m'avait inculquée : *Agis toujours de manière que la formule de ton acte puisse être érigée en maxime universelle.* En même temps que j'éprouvais une espèce de soulagement, je sentais que j'avais joué mon rôle, que c'était cela que l'on attendait de moi et pour quoi j'étais né.

Sur ce qui s'est passé ensuite je n'insiste pas. Pendant ces heures douloureuses rien ne m'a davantage affligé et scandalisé, je l'avoue, que la lâcheté de mes ex-confrères, et surtout l'inqualifiable désertion de Simon Pierre. L'infortuné aurait dû cependant se souvenir de cette parole qu'il avait entendue si souvent : *Malheur à celui par qui le scandale arrive !*

Mais moi-même ne suis-je pas la victime éclatante d'une trahison non moins odieuse ? Après l'acte d'abnégation que j'avais accompli, et en dépit de certaines grimaces déjà surprises sur ces dures figures sacerdotales, je m'attendais de la part de mes conseillers à un accueil empressé et sympathique. Je me voyais déjà me rendant au Temple, un peu solitaire, mais accompagné de la considération générale, revêtu de cette grave auréole qui entoure les héros extrêmes du devoir et du sacrifice. Quelle erreur ! Pour toute récompense on me jette avec mépris un peu d'argent comme à un mendiant ! Trente deniers ! Après cela il n'y avait plus qu'à tirer l'échelle ! C'est ce que j'ai fait.

— J'ai oublié de dire que la veille, pour

me réconforter, j'étais allé rendre visite à mon excellent maître. Je le trouvai plein de sérénité et parvenu à cet état d'indifférence supérieure à quoi toute sa vie n'avait été qu'une longue préparation, je veux dire qu'il était mort. Il était couché tout nu sur son lit, entouré de morceaux de glace, de cette glace qui était son élément naturel comme l'eau l'est pour les poissons, et qui constituera, pour longtemps, espérons-le, le principal ingrédient de sa conservation.

De la position que j'occupe maintenant, on peut juger les choses, si j'ose dire, avec détachement. Dans le drame qui s'est joué le 14 du mois de Nizan entre le Golgatha et la modeste dépression où j'ai couronné ma carrière, je comprends le rôle qui m'était départi. Comme l'a dit ce petit Pharisien excité dont j'ai encouragé les débuts, *oportet haereses esse*. Tant que le drame du Calvaire se développe, et il ne fait que commencer, l'Iscariote y jouera son rôle, à la tête d'une troupe nombreuse de successeurs et de parti-

sans que son exemple continuera à guider.
Tant qu'il y aura de bons esprits que rebute
la Croix, cette espèce de charpente rudi-
mentaire, brutalement arrêtée et retranchée
dans toutes les directions, qui s'élève sur
une montagne avec la netteté offensante
d'une affirmation, il y aura une localité
marécageuse où la pente du terrain entraî-
nera naturellement les rêveurs. Là se dresse
un arbre de qui le Douzième Apôtre a
prouvé qu'il était bien injuste de le maudire
sous prétexte qu'il ne porte point de fruits.
Pour se rendre compte de l'exactitude de
cette affirmation il n'y a qu'à lever les yeux
sur ce branchage populeux. Avec la croix il
y a juste deux directions sèchement indi-
quées, la gauche et la droite, oui ou non,
le bien et le mal, le vrai et le faux. Ça suffit
aux esprits simplistes. Mais l'arbre que nous
autres colonisons, on n'a jamais fini d'en
faire le tour. Ses branches indéfiniment
ramifiées ouvrent dans toutes les directions
les possibilités les plus attrayantes : philosophie, philologie, sociologie,

*... et toi, triste théologie !*

comme fredonne en ce moment ce savant
ecclésiastique qui, sa ceinture à la main,
seul débris qui lui reste d'une soutane abandonnée aux orties, étudie de l'œil la place
qu'il se propose d'occuper incessamment à
ma droite. C'est si touffu que l'on s'y perd.
Le mieux est de choisir une branche pour
s'y installer fortement et pour donner à cette
lanière captieuse, mais un peu incertaine, et
dont en somme on peut faire ce que l'on
veut, que nous portons autour des reins, la
rigidité désirable, par le bien simple procédé
de nous la mettre au cou et de nous confier
à elle. Quand j'errais sur les routes de Galilée, les malins me reprochaient quelquefois
de tenir les cordons de ma bourse trop serrés.
Les personnes malveillantes ne manqueront
pas de voir là un présage. Car qu'est-ce qu'un
avare, sinon l'homme qui essaye de garder
pour lui seul ce qui lui appartient, tout ce
qu'il a d'esprit et de souffle, ou, pour
employer une expression un peu démodée,
d'âme ? C'est assez naturel après tout. C'est
dommage qu'en me fermant par le haut je
me sois ouvert par le bas. D'un seul coup
je me suis défait de ma triperie. Vidé comme

un lapin ! *Sine affectione,* ne manquerait pas de remarquer méchamment à ce propos le petit Pharisien mentionné ci-dessus *(op. laud.).* Tant pis ! quand on veut graduer pour l'Éternité il faut être prêt à faire quelque sacrifice au sentiment de la perpendiculaire. Maintenant retenu par un fil presque imperceptible, je peux dire qu'enfin je m'appartiens à moi-même. Je ne dépends plus que de mon propre poids, sans en perdre une once. D'une part aussi exact qu'un fil à plomb j'indique le centre de la terre. D'autre part, grâce à ce trait en quelque sorte idéal qui me retient et me soutient, j'ai acquis de tous côtés autonomie et indépendance. A droite, à gauche, il n'y a plus d'obstacle, je suis libre, tout m'est ouvert, j'ai intégré cette position hautement philosophique qui est le suspens, je suis parfaitement en équilibre, je suis accessible à tous les vents. Personne n'estimera qu'enfin libéré du sol j'aie payé trop cher le privilège d'osciller. Que la jeunesse vienne donc à moi, qu'elle élève avec confiance son regard vers la maîtresse branche où ma dépouille éviscérée se conforme rigoureusement à toutes les lois scientifiques, et qu'elle trace sur la couverture de ses livres de classe cette naïve exclamation où se trahit mon sentiment de la propriété : *Aspice Judas pendu !*

# LE POINT DE VUE
# DE PONCE PILATE

*Crucifixus etiam sub Pontio Pilato.*

Et, avant tout, les poulets ! N'oubliez pas de me faire penser aux poulets ! C'est très important.

Je ne sais pas quelle objection vous pouvez avoir à ce que Pilate, à trois heures de relevée, ce qui était pour les Anciens la Neuvième heure, se trouvât profondément endormi. Il ne faut pas oublier que c'était un fonctionnaire colonial et que par conséquant la sieste était pour lui une impérieuse habitude. Obligé par métier de faire des tournées d'inspection dans des régions malsaines, comme la plaine de Jaffa et la région du Jourdain, l'étonnant serait qu'il n'eût pas souffert d'un peu de paludisme. Et d'autre part il venait d'avoir une nuit terrible ! Si vous aviez jamais eu la responsa-

bilité de l'ordre à maintenir avec une poignée
de mercenaires dans une de ces villes asiatiques, d'habitude plates et inertes, mais
tout à coup sans que l'on sache pourquoi
la soupe se met à bouillonner, vous com-
prendriez ce que je veux dire. La Pâque
Juive, c'était quelque chose comme le
Ramadan ou le Moharem. Jérusalem était
bondée de pèlerins venus des quatre coins
de la Méditerranée, une atmosphère d'excitation et de fanatisme, et en même temps
des gens en vacances libérés de leurs environs
ordinaires et du regard de la gendarmerie,
sans compter l'écume qu'entraînent toujours
avec elles ces manifestations populaires. Et
alors après les mille soucis d'une journée
surchargée, le coup de force vraiment inad-
missible de ces sacrés prêtres, cette arresta-
tion en pleine nuit, ces ruées furibondes du
tribunal de Caïphe à celui d'Anne, ces vieux
boucs dans toutes les directions qu'on trans-
bahute au galop par les rues étroites dans
leurs litières, avec une torche qui les précède
et les badauds que l'on écarte à grands coups
de cadouille, puis, enfin, au matin la procédure régulière, la comparution à mon pré-

toire, cet effort vraiment remarquable et
réussi pour ramener ce chaos de frénétiques
à une apparence d'ordre et de correction,
sans qu'il y ait eu émeute, mort d'homme,
intervention trop brutale de la troupe, ni
vraiment matière du côté de Rome à autre
chose que ce silence rechigné qui est l'approbation des bureaux, ce mélange de fermeté,
de condescendance et d'ingéniosité, vraiment après un tel effort et un tel résultat,
la nécessité d'un peu de repos peut se comprendre. Et alors, tout à coup, exactement
à trois heures, ce réveil ! et tout ce qui s'est
ensuivi jusqu'au coucher du soleil ! Si toutefois il y avait encore un soleil au firmament
ou si plutôt l'astre normal n'avait pas jugé
bon de retirer sa présence à cette caverne
illuminée par la torche des Furies !

Je proteste, poussé par le sentiment de
la vérité et après un froid examen de ma
conscience de fonctionnaire, que dans toute
cette série d'événements subitement déchaî
nés et où je ne suis pour rien, je suis irré-
prochable ! Je m'expliquerai quand on vou-
dra sur tout, mais dès maintenant je dégage
ma responsabilité. Tout cela s'est passé

entre Youpins. C'est leur affaire. Moi, je suis fonctionnaire de Rome, ma tâche était de maintenir l'ordre, il n'y a pas à me demander autre chose, ni de comprendre quoi que ce soit à ces égorgements de synagogue ! L'important est de dominer ses nerfs, de refouler énergiquement dans l'oubli et dans le néant certains faits qui nous mèneraient bien vite à l'égarement si on y arrêtait sa pensée. Non, non, pas de ces complaisances dangereuses. Ce qu'il faut voir, c'est le résultat. Rome se tait. Hérode s'est réconcilié avec moi. Le Sanhédrin m'a remercié par un papier officiel, (malgré le petit incident de l'inscription, un plaisir que je n'ai pas pu me refuser), alors que me demander de plus ? Si ces sauvages ont vraiment sacrifié leur Dieu, c'est leur affaire et je m'en lave les mains, que son sang, comme ils disent malproprement, leur tombe sur la tête ! Mes dieux à moi, ce sont ces cinq bons petits lares administratifs qui m'ont toujours fourni un bon service moyen au cours de mes déplacements. Vous n'allez pas croire tout de même que je trempe dans ces ignobles superstitions asiatiques.

Ce qu'il y a de grave, c'est que les poulets ne veulent pas manger. Je n'ai jamais vu cela.

J'ai pourtant suivi exactement les instructions du rituel *(auspicia ex tripudiis)* que l'on nous fait apprendre par cœur pour l'examen d'entrée, j'ai même employé les petits trucs plus ou moins loyaux mais recommandés par la pratique quand ces sales animaux font trop les difficiles. Rien n'y a fait. Ils ne veulent pas manger. J'ai cru que c'était la faute de ces poulets de Palestine. Je me suis fait envoyer à grands frais par la valise ces superbes volailles pontificales à cous pelés qui ont reçu sur l'aile le seing du Collège des Augures. Quelques sacs du millet le plus appétissant de la Sabine les accompagnaient. Rien n'y a fait : dès qu'on les met en présence de mes cinq bondieux, ils ne veulent pas manger, et si l'on insiste, ils préfèrent claquer, comme on dit en langage juridique, *hic et nunc*. Alors que croire ? d'un côté il y a ma conscience de fonctionnaire qui ne me reproche rien, et d'autre part il y a les poulets. Où est la vérité ?

Et alors ça revient ! ça recommence ! et pour ne pas devenir complètement fou il faut se prendre le cœur à dix doigts et à deux mains ! Ce réveil en sursaut au bruit des tuiles qui tombent et des meubles qui dégringolent ! La grosse Livie en faux bronze que mon prédécesseur m'a laissée et qui pèse une tonne et demie, je l'ai trouvée le nez par terre au milieu de mes salades ! Un tremblement de terre comme j'en ai pas vu beaucoup. Et qu'est devenu le soleil ? Il n'y a pas de soleil. Quelqu'un a étouffé le soleil. Il n'y a aucun nuage et il fait noir. On ne distingue plus que des étoiles peu rassurantes et là-bas une espèce de phéno-mène sanguinolent qu'il est difficile de prendre pour la lune. Ajoutez à cela ces femmes désespérées, ce torrent de pieds à toute vitesse qui déboulent par les petites rues en cascades, ces hurlements inhumains auxquels succède tout à coup un silence non moins désagréable, et alors, un, deux, trois, quatre, le temps de compter dix, le temps de compter vingt-cinq, le battement de cette aile glacée !

*Le Tartare a ouvert ses portes, un passage*

*s'est ouvert au travers du fleuve Achéron-tiaque.*

Vous ne comprenez pas ce que je veux dire ? C'est aussi bien comme cela. Mais je vous engage à relire la petite pièce de vers que j'ai écrite à l'époque. Relisez-la. On peut dire des choses en vers qui ne seraient pas acceptées dans un rapport adminis-tratif.

Dans tout cela, je le répète avec force, où est ma responsabilité ? *Crucifié sous Ponce Pilate.* Bien sûr qu'Il a été crucifié sous Ponce Pilate. Je me demande quel autre genre de rapports j'aurais pu avoir avec Lui. On dirait que toute l'Histoire romaine s'est développée à son profit, que toute la machine juridique, diplomatique, militaire, des consuls et des empereurs a été construite à son intention particulière. Le moment venu, tout a fonctionné comme de soi-même. On aurait dit qu'on L'attendait, que chacun avait son rôle distribué et qu'il l'avait étudié jusque dans le moindre détail. J'ai à peine eu besoin d'intervenir. Le scéna-rio pour ainsi dire me portait, tout mar-chait dans la même direction avec une autorité irrésistible, s'il y a quelqu'un qui ait gardé un peu de tête, c'est moi, mais toutes les objections que me suggéraient l'humanité ou le sentiment de la bonne procédure étaient emportées comme des fétus de paille. Par exemple Barabbas, (le Fils à Papa, comme l'appelaient mes jeunes attachés), était une idée de génie. Mon vieux greffier qui a quarante ans de pratique en était dans l'admiration. On ne pouvait pas mettre plus élégamment et plus authentiquement les points sur les i et ces messieurs du Temple en présence de leurs responsabilités exclusives. Les gredins l'ont bien compris. Si vous aviez vu leurs figures ! Ils en grinçaient des dents. L'épisode impromptu d'Hérode également a été assez heureux. Il fallait que chacun eût sa place dans la tragédie et que personne ne fût oublié. Après cela mon rôle a été purement automatique. L'appareil pénal une fois déclenché fonctionnait comme de lui-même. Il n'y avait plus qu'à se laver les mains et à aller dîner, après avoir pris l'équivalent de ce que vous appelleriez aujourd'hui un cachet d'antipyrine.

Je demande donc que l'on m'explique ce qui a pu déterminer l'attitude inamicale de madame Ponce Pilate. Elle ne s'attendait pas tout de même que pour des rêves de femmes un magistrat aille risquer sa position et suspendre la majesté de Rome. Elle a disparu avec sa servante et je n'ai pu savoir ce qu'elle est devenue. Des gens prétendent qu'ils l'ont vue à Antioche. Fort bien. Je n'en suis pas autrement fâché. La liberté a son prix. Mais il y a quelque chose dans son cas qui ne me laisse pas une liberté d'esprit absolue. Il est évident qu'elle me désapprouve. C'est comme les poulets.

C'est étonnant combien on a de peine à faire comprendre aux gens du monde le point de vue professionnel. Prenons une question de procédure pénale, comme celle dont j'avais à m'occuper, et qui, considérée en elle-même, constitue somme toute une espèce assez banale. Le public se figure qu'il n'y a qu'une chose à tirer au clair, à savoir si l'accusé est coupable ou pas coupable. Mais le magistrat, et spécialement celui qui comme le magistrat colonial occupe une situation exceptionnelle, a à tenir compte de beaucoup d'autres éléments. Il a à apprécier le trouble que l'individu soumis à son jugement introduit dans l'ordre social et les moyens les plus expédients d'y porter remède. L'accusé peut ne pas être coupable personnellement, et en même temps il peut être coupable socialement. Il peut n'avoir commis aucun acte qui tombe spécifiquement sous le coup de la Loi et qui comporte une sanction, et cependant il peut avoir déterminé un dommage social, parfois considérable, qu'il est tenu de réparer. Il n'y a pas d'innocents contre l'Ordre public. Ce serait un dieu lui-même qui aurait été amené à mon prétoire que je n'aurais pas jugé autrement. Votre intangibilité propre résulte de la sécurité que vous présentez au regard de vos voisins et de l'édifice civique. Si vous le compromettez par des gestes inconsidérés, en dehors même de ceux qui sont catalogués dans mon répertoire, vous vous fiez beaucoup trop à des définitions littérales auxquelles un homme du métier ferait un tout autre reproche que celui de manquer d'élasticité. Quand j'ai entendu la voix du Peuple, au terme de cette procédure de haro, formuler l'opinion que celui qui acquitterait l'accusé *serait un ennemi de César*, j'ai compris qu'il fallait le tenir comme condamné par une sorte de jury spontané émané du sein de ses propres citoyens et qu'il ne me restait qu'à entériner en soupirant la sentence. Qui en effet serait meilleur juge des nécessités de sa propre conservation que le Corps Social lui-même ? Comment ne préférerais-je pas à la thèse d'un individu isolé le bien de l'Empire dont comme fonctionnaire je suis le représentant et dont il est bien naturel pour moi de penser que ma propre position ne forme pas l'élément le moins intéressant ?

Telles sont les réflexions, qui chez un homme d'expérience mériteraient plutôt le nom de réflexes, qui m'ont permis de faire face instinctivement et instantanément à une situation embarrassante par une décision et par une attitude qui sauvegardaient à la fois les intérêts de César et les délicatesses d'une conscience avertie.

Il y a pourtant, je dois le reconnaître, dans cette affaire, en dehors des symptômes occasionnels que je viens de toucher, quelque chose de grave qui est resté irrésolu et en suspens. Pourquoi si dans toute cette affaire ma conduite professionnelle, comme ma conscience vingt fois par jour prend soin de me l'affirmer, a été remarquable et excellente, pourquoi ma pensée se reporte-t-elle sans cesse à cet épisode judiciaire, pourquoi ne cesse-t-elle pas d'en repasser et d'en repeser tous les points de fait et de droit ? Et comment se fait-il que de cet Inconnu gigantesque qui se tenait devant moi, (et il n'est pas interdit de penser que dans cette taille anormale résidait une des raisons principale de l'animosité que ses compatriotes paraissaient lui porter), et que j'avais à acheminer à son destin, il me soit impossible de me rappeler aucun trait ? Quel était son visage ? C'est comme si je ne l'avais jamais vu. Mais plus que tout, ce qui me tourmente, c'est la dernière question que j'ai posée et dont il est impossible de me rappeler les termes. A ce moment j'ai été appelé hors du prétoire et je n'ai pas eu le temps d'attendre la réponse. J'ai le sentiment aujourd'hui que j'aurais dû le faire, que la question était d'importance et que la réponse aurait pu avoir une influence sur l'issue du procès.

A ce point permettez-moi, cher ami, d'abandonner mes habitudes de ventriloque auxquelles je ne puis m'empêcher d'avoir recours de temps en temps, et d'interroger pour vous directement cette poupée entre mes bras qui constitue toute ma troupe. Ne commettez pas l'erreur d'essayer de vous représenter sa figure, c'est l'attitude générale seule qui importe. Quant à la figure, c'est un de ces masques vagues que la pluie forme sur la vitre d'un wagon et où les yeux ne sont une seconde réalisés qu'au détriment de la bouche. Allons, Pilate, parle un peu et raconte-nous comment tu as passé ces deux années de ton proconsulat qui ont suivi l'an 33. Il prétend que la vie à Jérusalem était devenue pour lui impossible. Il ne pouvait plus y tenir. Aux noires secousses électriques, aux grondements de tonnerre, aux arrivées l'une sur l'autre de cyclones qui avaient marqué les premiers temps de sa judicature, avait succédé une espèce de catalepsie hagarde et ce facies cadavérique par lequel Ophel et Sion répondent encore aujourd'hui à notre regard fasciné. Quelque temps les échos du Kidrôn retentirent encore de la tragédie qui venait de s'accomplir, de l'Égypte à la Galilée des remous de rumeurs bizarres venaient battre les marches du prétoire, on avait le sentiment d'un mouvement immense et secret qui était à l'œuvre de tous côtés, mais ce mouvement qui avait Jérusalem pour point de départ condamnait de plus en plus son origine à une espèce de délaissement spirituel qui ne pouvait avoir pour terme que le tombeau. On avait le sentiment d'être à l'intérieur de quelque chose d'où la vie s'était retirée. « Je ne pus m'empêcher », dit Pilate, parlant de l'un de ses entretiens avec Nicodème, « de lui donner raison quand il me fit remarquer cet aspect farouche et condamné, cet air *marqué* des gens que nous rencontrions. C'est comme les hommes d'État entre 60 et 65 ans qui capitalisent d'un seul coup les effets d'une vieillesse trop longtemps ajournée. Mais quant aux explications que le bonhomme essaya de me fournir, au bout de quelques minutes je dus le prier de s'interrompre. Ma tête n'y résistait pas. »

Suivons, quant à nous, si vous voulez bien, d'un regard appréciateur l'effet rongeur des nouvelles inquiétantes et déformées qui avaient traduit à Rome l'événement de Gabbatha. Pilate ne se trompait pas quand son instinct, d'accord avec les expressions ambiguës de ses correspondants, l'avertissait que la nouvelle n'avait pas été digérée, et qu'un certain mécontentement, que l'on pourrait appeler physique, dans les bureaux, impuissant à se formuler sous forme de blâme, se diffusait sous l'espèce non moins redoutable de la mauvaise humeur. Une règle, c'est certain, avait été enfreinte et le caractère du délit s'aggravait du fait même de son défaut de localisation. C'est ainsi que notre Procurateur, impuissant et éloigné, sentait chaque jour se dessécher le pédoncule qui le rattachait au cep administratif.

Pilate, au bout de ses deux ans de carafe, est donc rappelé à Rome et à partir de ce moment nous ne savons plus rien de lui, sinon qu'il est tombé en disgrâce. Ce violent et ce faible évidemment n'était pas fait pour faire de vieux os dans un poste Asiatique. Une tradition nous affirme qu'il fut envoyé en exil dans la Haute-Garonne, non loin du lieu où dans une autre modeste villa le tétrarque Hérode lui-même en compagnie de son Hérodiade terminait bourgeoisement une carrière mouvementée. Peut-être après tout l'avait-on envoyé là pour les surveiller ? D'autres légendes nous disent qu'il se frappa la poitrine et mourut confesseur et martyr. Il paraît même que l'Église abyssine l'a placé sur ses autels. Je suppose que les fonctionnaires du Négus sont heureux de trouver en lui un patron qu'ils invoquent parmi les ambiguïtés de leurs carrières. Mais le plus sûr est de laisser parler notre engastrimythe qui demande de nouveau à se faire entendre. Il n'a pas fini ! Il en est arrivé, dit-il, au point le plus surprenant de ses expériences.

« Les événements », a dit le poète Euripide, « projettent leur ombre devant eux. » Il n'y a pas de craquements et de frôlements dans la nuit à quoi une oreille expérimentée ne soit capable d'adapter une interprétation rétrospective. Ainsi pendant les deux dernières années de mon laps en Palestine, bien des petits faits auraient pu me fournir des signes, pareils à ces symptômes d'une grave maladie qui progresse, auxquels l'attention longtemps n'accordait que le bénéfice d'un enregistrement involontaire. Le plus sérieux fut l'évasion inexplicable entre Joppé et Brindes de mon Panthéon portatif. L'enquête la plus diligente ne produisit aucun résultat, et depuis lors je me sens aussi gêné et desheuré qu'un juriste à qui l'on enlèverait ses ouvrages de référence. Mais ce n'est qu'après mon arrivée dans la capitale que les dons nouveaux pour ma perte dont je me trouvais investi, et qui jusque-là ne s'étaient signalés que par des frissons prémonitoires, commencèrent à se manifester avec une amplitude catastrophique. Oui, il n'est que trop certain, les dieux nourrissent contre moi un grief personnel.

J'arrive tout de suite au scandale le plus éclatant, dont les gazettes de Rome et de la Province se sont entretenues pendant plusieurs jours pour n'arriver que trop tôt à circonscrire mes responsabilités. Vous savez que les fonctionnaires en disponibilité sont chargés d'une quantité de menues corvées honorifiques, telles que distributions de prix aux citoyens méritants, encouragements à la milice et aux pompiers, célébrations, anniversaires, concours de déclamation, etc. Mon talent de parole et mon don romain de balancer les périodes et les arguments me qualifiaient particulièrement pour ce genre de tournées. L'administration m'avait donc délégué ce jour-là à Ardée, antique capitale des Rutules (1). J'étais chargé de remettre une couronne de feuillages au Jupiter local pour le remercier des bons services qu'il n'avait cessé de fournir pendant une longue suite de siècles à la municipalité. Je venais de terminer ma harangue et j'épongeais mon front ruisselant, cependant que les flamines parmi les fumées de l'encens et de la musique procédaient aux sacrifices officiels, quand je m'aperçus que Jupiter par une suite de progrès insensibles avait renoncé aux avan-

(1) *Et nunc magnum manet Ardea nomen ; sed fortuna fuit* (Virg.).

tages de la position verticale et qu'il s'inclinait de plus en plus sur la cérémonie avec une bienveillance que dans d'autres circonstances on n'aurait pu juger autrement que flatteuse. Nous assistions à ce spectacle, paralysés par une horreur sacrée, mais les flamines, tout affairés autour de leur cochon qui non sans protestations stridentes, avait succédé sur l'autel au bélier et au taureau, ne s'apercevaient de rien. Finalement la condescendance du dieu s'accentua à tel point que son équilibre y succomba et qu'avec un bruit et une poussière énormes il s'écroula sur les officiants et littéralement, je ne trouve pas d'autre expression, les écrabouilla. Comment vous dépeindre la confusion, ces ténèbres suffocantes, ces cris perçants, ces brasiers renversés, et dominant tout autre sentiment, cette épouvantable odeur de guano, car depuis des siècles les oiseaux de nuit accumulaient leurs déjections à l'intérieur de notre auguste Protecteur et tout l'édifice était rempli du vol sinistre de ces oiseaux effarés. Je dus rendre compte de tout cela dans mon rapport officiel et je ne fus pas long à m'apercevoir dans les yeux des appariteurs que le patron n'était pas content. Car les bureaux, hélas ! sont aussi subtils à dépister les responsabilités qu'ils sont adroits à les décliner. Je prenais figure de spécialiste en catastrophes. Certains bons amis allaient déterrer dans les archives le souvenir de la tour de Siloé.

Hélas ! comme pour leur donner raison, cet événement ne fut que le point culminant d'une longue série de phénomènes suspects auxquels ma présence semblait fournir l'ingrédient déterminant. Vous savez avec quelle facilité s'établit en Italie un renom de jeteur de sort. Ma tête ne tarda pas à s'adorner de cette auréole funeste. Et cependant quelle part ai-je eue par exemple au ridicule accident de Naples ? Je n'étais là qu'un spectateur parmi les autres, invité par la Chambre de Commerce, quand le Mercure local se déchira du haut en bas découvrant de la manière la plus inconvenante le sacristain armé d'un rat-de-cave qui à l'intérieur de son labyrinthe intestinal l'assistait dans ses performances oraculaires. Pourquoi ne pas accuser plutôt tout naturellement une paille dans le métal ou un spasme subit de ce sol volcanique ?

Combien d'autres effets de la même influence destructive ne tardai-je pas à voir se propager autour de moi ! Bientôt il me fut impossible d'entrer dans un temple sans en voir les habitants immortels saisis d'une espèce d'inquiétude qu'un séjour prolongé de ma part ne tardait pas à rendre ostensible. Je fis crever l'antique Python de l'Esquilin et la main du divin Jules devant moi lâcha le rouleau de l'*Anti-Caton*. Le cas le plus embarrassant fut celui de mon ambassade à Cyrène. A peine avais-je allumé l'encens devant le simulacre sublime de notre Vénus Aphrodite, que je vis (et mes propres yeux n'en furent pas les seuls témoins) au calme de la contemplation sur ce pur visage succéder l'émoi et les signes extérieurs de cette espèce de grésillement cérébral qui chez les mortel annonce l'imminence de l'explosion sternutatoire (1). Ce que plusieurs siècles d'exposition aux courants d'air dans un état de dépouillement

------

(1) *Annuit et totum nutu tremefecit Olympum* (Virg.)

n'avaient pu obtenir, en deux secondes qeulques grains d'encens dispensés de ma main l'avaient réalisé !

Je me souviens d'un épisode comique. J'accompagnais un de mes amis dans une tournée fiscale et nous étions arrivés chez un vieux richard qui depuis des années était arrivé à déjouer les explorations du Trésor. Cette fois encore nous n'avions rien trouvé et nous partagions avec le sanglier en question que notre échec avait mis de bonne humeur, une chiche collation de vin rêche et de glands. Quand tout à coup j'entends derrière moi comme un soupir, le bruit d'un tout petit déclenchement et je vois le visage de notre hôte se décomposer. Je me retourne. C'était la panse du Dieu de la Fortune, honoré sur l'autel domestique, qui tout à coup pivotant sur ses gonds venait de largement exposer son contenu, découvrant rayon sur rayon l'armoire intérieure où notre bonhomme recélait ses trésors, piles d'écus, argenterie, joyaux et titres de propriété. Nous en eûmes pour toute une après-midi à inventorier le magot.

**En somme qu'est-ce qui est arrivé ?**

qu'est-ce que j'ai attrapé sans le savoir ?
Je demande quelle influence occulte, quelle
vertu indélébile imprègne désormais ma présence et mon visage, pour que mon intervention physique à elle seule suffise à déranger les dieux de cette neutralité qui est le
principal bienfait que nous puissions attendre
d'eux, et de l'immobilité conventionnelle
dans laquelle grâce au secours de l'art nous
avions réussi à les incarcérer. De même que
le voisinage d'une femme au moment de ses
règles suffit à déranger la culture des cham-
pignons et l'obscur travail du vin dans les
fûts, ainsi je ne pouvais plus entrer dans
un temple sans que l'esprit au sein de la
pierre et du bronze se mît à fermenter. Qui
donc de moi, contre tous mes goûts, a fait
ainsi un casseur de dieux ? qui a fait que
je ne puisse attacher à ces figures véné-
rables un regard sympathique mais insistant,
sans aussitôt leur faire perdre visiblement
contenance, sans provoquer en elles la pro-
pension à se dérober à une permanence
cependant autorisée par les habitudes les
plus compactes ? Quelle contagion ai-je
contractée dans ce curieux pays où l'un

des commandements principaux de la Loi religieuse est : *Tu ne feras point de sculpture ?* »

A cette question pas de réponse. La communication est coupée, et à la suite de ce filet de voix d'outre-tombe, vous pouvez imaginer, si vous voulez, comme à la radio, un conflit magnétique de hurlements entre-croisés. Mais rien ne vous empêche de laisser le récit continuer tout seul et comme par son propre poids. Pendant que Pilate au milieu des ours et des bisons de la Haute-Garonne surveille un tétrarque édenté en compagnie de sa grosse Levantine, en lui-même qu'est-ce qui se passe ? à quoi rêve-t-il quand il dort ? qu'est-ce qui se mani-gance dans les sous-sols ? quelles portes souterraines au fond des nuits d'insomnie écoute-t-il s'ouvrir ? quelle rumeur d'une foule en fureur qui arrive, et tout à coup se tient devant lui cet Accusé gigantesque dont il est impossible d'identifier le visage. Quelle sensation d'une civilisation qui s'écroule à la lueur d'un soleil voilé, — précédant la reprise et la mise en marche une fois de plus de l'effrayant cortège ? Et sans

cesse, dans son esprit, s'ajoutant, se super-
posant, s'insinuant, s'intercalant, s'atta-
quant, se confrontant, tournant l'une autour
de l'autre, ces deux grandes Paroles qui
pour lui constituent le reliquat du Procès :
*Voici l'Homme !* et *Qu'est-ce que la Vérité ?*

# LE JARDIN ARIDE

A meilleur titre que nul, j'aurais le droit, pour le récit que vous allez entendre, de récuser le reproche d'exagération, vivant à une époque où pour un grand nombre d'humains, du berceau à la tombe, le règne minéral n'est représenté que par le plâtre des plafonds et la vitre des carreaux, le règne végétal par le bois verni de ce bureau jusqu'à mi-corps où nous prenons l'accoutumance du cercueil, et le règne animal par ces grenouilles de music-hall qui enguirlandent la page illustrée de notre quotidien. Une résidence prolongée dans un jardin inaltérable ne devrait donc, semble-t-il, que me mériter la sympathie compréhensive de tous ceux qui de bonne heure se sont proposé l'idéal, si dignement réalisé par la bureaucratie, d'une vie éclairée par la raison, régularisée par le devoir et sanctifiée par l'habitude. Qui niera que la terre, le fer, le fil d'archal, et toutes les variétés ingénieuses de tissus et de papiers que l'industrie moderne met à notre disposition, aient sur les salades naïves, sur les floraisons balbutiantes, sur les vagues croquis effrontément ébauchés par une main d'amateur que nous propose la nature, l'avantage du sérieux et de la sécurité ? Ça ne passe pas, c'est bon teint, ça reste la même chose, aujourd'hui est comme hier, et quand je descends de mon perron le matin j'embrasse d'un regard appréciateur un ensemble où je sais que chaque article est rigoureusement conforme à mon bordereau. Quoi de plus subsistant à habiter que la vérité, et s'il y a un autre endroit que mon petit jardin qui se rapproche davantage de cette définition de la vérité que donnent les traités classiques, *videlicet adaequatio rei et intellectus*, je demande qu'on me le montre. Des descriptions de mon livret explicatif aux divers numéros de mes réalisations botaniques il y a une exacte concordance qui ne peut que dilater un esprit affamé des commodités de la pédagogie. De même que les traités scientifiques ont depuis longtemps exploré les bénéfices qu'il y avait à substituer aux schèmes informes et capricieux de la nature les pacifiantes perspectives du faux grec et de l'encre grasse, de même avec une autorité sévère et douce nous avons réussi à refouler de notre arpent éducatif ces boutades d'un scandaleux arbitraire dont une réalité sauvage ne nous fournissait que trop l'affligeant spectacle, et à remplacer les convergences embrouillées des conditions et des causes par de la colle. Les surprises mêmes sont étroitement stipulées et je suis sûr que s'il m'arrive de temps en temps de trouver un œuf au milieu de mes buis en taffetas, cet œuf est en fer et je ne courrai aucun risque au cas que je confie cet improvisé à la sollicitude d'une cocotte en porcelaine. Quel rafraîchissement, quand se lève le vent du soir, de se promener, à la tête d'un peloton pensif de disciples respectueux, au milieu d'un parterre de classifications !

J'ai eu tort de parler de vent du soir, c'est le vent qui m'a porté malheur, c'est grâce

à lui que je n'ai pu obtenir le vase parfaitement clos qui sans doute aurait été nécessaire à l'élaboration de mon fruit scientifique, et que tout, finalement, si je puis dire,
a foutu le camp. Que ce soit celui du soir
ou du matin, du midi ou de la tramontane,
apprenez, jeunes gens, par mon aventure,
que tout déplacement d'air doit être craint
par une personnalité méthodique qui trouve
sa joie dans la contemplation des identités.
Car le synonyme de *vent* est un terme étranger à la quantité et que je ne trace ici qu'avec
méfiance, un vocable dont le souffle, ne
fût-il que suggéré, doit être rigoureusement
exclu par les philosophes et les savants de
leurs délicates approximations d'orpailleurs,
je veux dire *l'esprit*.

C'est l'esprit un beau jour qui a respiré
sur mon jardin et qui a déchiré du haut en
bas ces superbes panneaux de toile pour
clôture où j'avais fixé synthétiquement aux
dépens du chaos ambiant les éléments d'un
paysage définitif. Des brèches de toutes
parts se sont ouvertes que je n'ai pas pu
réussir à aveugler., Car, du soir au matin,
mon paradis antiseptique, mon réduit uni-

versitaire, mon acre intellectuel, fumigéré
par la chimie et soigné à l'Eau de Javel,
s'est mis à sentir le sanglier, une odeur animale et sauvage à quoi se mêlent de la
manière la plus choquante des poussées de
femme et de réséda. Une espèce d'humidité
insidieuse, une puberté révoltante, s'est
emparée de mes espaliers en tôle et de mes
artichauts en caoutchouc. Entre le dedans
et le dehors se sont établies des relations
illégales. La forêt m'a délégué des bandes
inépuisables de fétifus qui sont venus fienter
sur mes préparations et j'ai trouvé un beau
jour un escargot naturel en train de pâturer
tranquillement sur mes parenchymes en
peau de zébi. Tout s'est ramolli peu à peu,
tout s'est attendri, tout a poussé sournoise-
ment par en dessous, la réalité a envahi
mes réserves et contrefait impudemment
mes modèles, la chicorée m'a fait les yeux
fades, la spirale du volubilis à sa manière
s'est mise à remesurer mes décamètres, le
plantain, la pique levée, a envahi mes allées
de mâchefer et j'ai reçu du pissenlit au travers de mes cailloux transformés en pâtis-
series une invitation comestible. Le plus

mauvais signe est cette fontaine due au talent d'un de nos décorateurs les plus réputés qui au lieu de ce joli verre coquet s'est mise tout à coup à pisser de la vraie eau, et comme, imitant ces abeilles noires qui venaient follement s'y enivrer, j'ai eu l'idée d'y mettre le bout du doigt, je me suis aperçu qu'elle goûtait la limonade. Et alors j'ai bien compris que quelque chose était en train, tous les recoins de mon enclos se sont remplis de prestiges. Un soir, après une journée de pluie dans une pointe soudaine de soleil, j'ai absolument vu un de ces héros Chinois de paravent, revêtu d'une simarre ruisselante de glace et d'or, prendre possession de mon bien par le rite de frappement du pied. Et maintenant n'est-ce pas sa flûte que j'entends aigrement s'éloigner dans l'étincelante averse ? Et là-bas quelle est cette face bachique entre des boucles d'hyacinthe éclairée par la torche des Mystères ? D'où viennent ces enfants nus chevauchant une ânesse de velours noir et d'où est partie cette grosse balle de coucous qui vient de me frapper en pleine figure ? Ça commence ! la Nature est comme une visiteuse aux yeux dévorants qui attend le moment de parler, déjà elle se passe la langue sur les lèvres, et il est facile de voir que, bientôt, toute réserve surmontée, il n'y aura plus moyen d'arrêter le flot débordant des confidences ! Ça part ! c'est imminent ! encore un petit moment et il n'y aura plus moyen d'empêcher toutes les fleurs d'arriver !

Et ce petit lumignon révérencieusement tous les soirs que j'allumais aux pieds de la statue de Stuart Mill, on peut dire qu'il a profité ! Je viens humblement de confesser les hiatus à droite et à gauche qui se sont pratiqués dans les parois de ma lapinière, dans les panneaux de ma crétinière, dans les cloisons de mon petit lopin de crétin, mais c'est rien, je le vois, à côté de ce qui se passe actuellement au dehors, et, dans ces horizons au dehors que je croyais garantis par la distance, vous parlez d'une déchirure ! On a arboré au zénith une espèce d'énorme signal pour indiquer que la réfection du Ciel a commencé, les chantiers qu'on a ouverts de tous côtés sont à table en plein gravier, je domine un immense panorama d'illuminations exploité par les rails et les excavateurs sous des étages superposés de démolitions qui s'effondrent ! Et tout au milieu la Prophétie Centrale, comme un énorme engin, la grande marque industrielle Orion ou Titan, qui se déchaîne et se démène ! Ce n'est pas pour rien que l'on nous a annoncé un Ciel nouveau et une Terre nouvelle ! C'est comme le Canal de Panama ! Le Delta aux trois cents branches d'un Fleuve démesuré a débouché sur moi !

Pensez, c'te surprise ! Se dire que rien de tout cela ne serait arrivé, qu'on ne m'aurait rien donné à m'apercevoir, si ce voile opportun de calicot n'avait pas permis de tout préparer, et d'équiper tranquillement mon arbre de Noël, mon Arche de Noé ! Et ces grouillements à l'infini de toutes parts, ces coulées, ces pétarades, ces ulcères, ces prolifications phosphoreuses qui font penser aux extravasions de la vermine, ce triomphal écrasement du calcul, cette vendange mathématique, cette victoire à l'Infini de la création sur le chiffre, croyez-vous que ce soit de l'épouvante ou de la consternation que ça m'inspire, ou le désir au plus vite de

rentrer dans mon petit chez moi ? Si c'est
là votre manière d'interpréter mes sentiments, alors je n'ai qu'une chose à dire,
c'est que vous vous méprenez du tout au
tout.

On n'est pas encore près de rentrer.

# LE MARCHAND DE COLOMBES

Je ne veux pas parler de celles que l'on vend, sous le nom désavantageux de pigeons, sur le Quai de la Mégisserie, ni de ces cages roucoulantes l'une sur l'autre où des seigneurs éternellement rengorgés et courroucés, qui, avec leur cascade de jabots, de jupons, et de culottes me font songer aux marquis de Molière, l'épée au côté traînant sous la basque de l'habit zinzolin, du matin au soir autour de la femelle insouciante vaquent aux préliminaires de l'amour. Bizets, Romains, Capucins, Culbutants, petits paons blancs dans le soleil éclatants comme la neige, muscadins chinés et cailloutés, grosses bouteilles chaudes dans la main comme un sein palpitant, couronnes parmi les vieilles après-midis du siècle dernier sans cesse renaissantes au-dessus du toit pointu des gentilhommières, mon doigt inattentif feuillette votre nomenclature dans les catalogues et mon pied avec bruit disperse la compagnie parfois que vous accordez dans la basse-cour aux poules et aux messieurs canards.

Mais *Marchands de colombes* (1) au Moyen-Age, cela voulait dire autre chose. L'expression désignait ces prélats et prêtres indignes qui à l'exemple de Simon le Magicien pour de l'argent vendaient le Saint Esprit et qui à leur coupable clientèle débitaient dignités, indulgences et sacrements, toutes sortes de colombes subreptices à qui l'on avait tordu le cou. Ce sont ces infâmes trafiquants que Jésus dans l'eau-forte de Rembrandt chasse du Temple transformé en foirail et en comptoir à grands coups de fouet. Mais cepen-

(1) L'Évangile de S. Matthieu (Ch. XXI) nous parle des *cathèdres des marchands de colombes* pour nous indiquer la dignité officielle de ces trafiquants et de quel avilissement des valeurs spirituelles à eux confiées jusqu'à un intérêt temporel et matériel ils se sont rendus coupables. Ainsi la pratique abominable des commandes au temps de l'ancienne monarchie, ce trafic de sièges et de bénéfices. — *Cathedrae* : comme on dit une chaire d'arabe ou de physique, un siège d'agréé ou de facteur aux halles, un tabouret d'agent de change.

dant, et tous abus congrûment refoulés, la Loi de Moïse impliquait l'offrande à Dieu de victimes matérielles qu'il fallait bien quelque part des marchands et des étaux pour procurer aux fidèles. Établissons-nous pour un moment à côté d'eux et dans cette bonne odeur d'étable au milieu des beuglements, des bêlements, des chevrotements et des roucoulements, dans le tintement de l'argent dans la caisse et des poids sur les balances, pendant que de l'enceinte du Temple jusqu'au ciel s'élève une noire fumée animale, essayons de comprendre un peu ce que nous faisons, ce que les chalands nous demandent et ce que Dieu dans cette série d'arrêtés administratifs qui accompagnent la grande Loi du Sinaï nous prescrit minutieusement de leur fournir.

Je ne vais pas entreprendre ici, quoique ce soit bien tentant, tout un traité sur les sacrifices Mosaïques. Qu'il me suffise de toucher ce qui concerne la fête de la Purification et le commerce qu'éclaire comme un chétif lumignon de veuve cette frissonnante aurore de février.

Il est écrit au Livre de l'Exode (13.1) :

*Consacrez-moi tout premier-né,* — le verset 34.19 ajoute : *du genre masculin — qui ouvre la vulve parmi les fils d'Israël, tant des hommes que des animaux, car toutes choses sont à Moi,* et spécialement celles qui en apparaissant les premières, en inaugurant une série, manifestent mieux l'intention directe à leur égard de leur Créateur. Dans cette consécration qui comporte à la fois une immolation et une offrande les Pères de l'Église ont vu une allusion au Fils de Dieu qui est venu racheter l'homme par Son sang et en même temps au transgresseur originel ou Lucifer qui par son schisme initial a rendu la restauration nécessaire et à qui sa condamnation constitue, si je peux dire, une espèce de consécration à rebours. A cette faute Adam dans le Paradis a associé son propre péché en qui toute l'Humanité a été conçue. *Vulva ejus,* dit Jer. 20.17, *conceptus æternus.* Tout ce qui ouvre la vulve et qui par le fait de cette primogéniture se montre plus spécialement associé au caractère de l'origine naît donc à la fois comme le produit d'une bénédiction et d'un désordre et comporte à la fois en apparaissant l'affirmation d'une faute et la nécessité d'une purification. De cette purification le moyen est un sang provenant de l'extérieur et qui, accepté par Dieu, rend acceptable celui qui par le contact s'est amalgamé à la vertu de son effusion : toute effusion de sang étant le témoignage d'une préférence de la Cause Divine à l'existence propre. C'est ainsi que, la nuit qui précéda l'Exode, tous les premier-nés d'Israël furent sauvés par cette marque salutaire tracée au fronton de leur porte et par ce timbre de l'Agneau sur le milieu de leur visage.

Telle est l'origine de cette institution en Israël qui aboutit finalement à ces deux mains ridées et tremblantes qu'un vieillard en larmes tend vers ce naïf *Orient* qu'une vierge pour le lui remettre a été chercher au fond de son cœur. Mais puisque nous sommes dans le Temple, profitons-en pour regarder un peu autour de nous et pour nous instruire où donc allaient ces longs cortèges de bergerots et de cocassiers que nous avons tantôt accompagnés sur les routes de Jérusalem.

Le sacrifice de Marie, tel qu'il est décrit au chapitre XII du Lévitique n'étant qu'un

cas particulier de cette figuration rédemp-
trice confiée par les prescriptions divines
au sang des animaux et aux convenances
de la matière, il me faut le situer dans
l'ensemble auquel il emprunte sa loi.

Le Lévitique distingue deux espèces de
sacrifices, l'un dit d'expiation et l'autre
d'holocauste, et trois ordre d'hosties : quadrupèdes (bœufs, chevaux et agneaux),
oiseaux (tourtres et colombes), et enfin
farine pure de froment *(simila)*, chacun
approprié aux ressources de celui qui les
offre à l'autel. Mais ce qui est remarquable,
c'est que plus l'offrant est pauvre et plus
son sacrifice gagne en valeur significative ce
qu'il perd en épaisseur et plus la forme s'en
clarifie au détriment de la matière.

La créature à quatre pieds qui se nourrit
directement des fruits de la terre et qui par
conséquent en est le produit authentique,
représente la nature matérielle. En prescri-
vant aux hommes de la lui immoler en
sacrifice, Dieu nous indique que nous ne
devons pas préférer un être, une vie, un
bien, une beauté, un avantage particulier,
et passager, à Lui-même qui est la source

générale et l'auteur de tout cela. C'est ce
que firent cependant les stupides Israélites
quand ils érigèrent en stature permanente
et donnèrent, par le métal précieux dont il
était fait, valeur de *standard* religieux à
quelque chose de spécialement construit en
vue de ses rapports avec la terre — et c'est
encore, hélas ! ce que nous continuons à
faire tous les jours à l'exemple de ces pauvres
gens. Quand donc nous immolons une brebis
ou un veau, nous rendons à Dieu ce qui lui
appartient, nous avouons son droit supérieur sur tout le domaine qu'il a remis à
notre exploitation, nous payons notre fer-
mage. Mais Dieu n'exige pas seulement que
nous le lui payions en gros, il veut que nous
entrions dans l'intérieur et le détail, et qu'en
accomplissant l'acte essentiel de notre culte,
nous nous rendions compte pour ainsi dire
phrase à phrase de ce que nous faisons.
C'est pourquoi il n'est pas suffisant d'égorger
la bête, il faut l'ouvrir, il faut lui arracher
la peau et regarder ce qu'il y a dedans, la
chair et la machine sous le cuir, et les
entrailles au milieu de la chair. Il nous faut
lui mettre la main sur la tête qui est le

principe pour affirmer notre droit, et com-
mençant par elle il nous faut attaquer toutes
les jointures avec un instrument affilé, il
nous faut aller jusqu'au bout dans notre
travail de distinction et de classement. Il
nous faut pousser jusqu'aux dernières limites
notre exploration de connaissance, notre
inventaire, notre prise en compte, et la
destruction de l'ensemble au profit de la
partie. Si le coutelas du taurobole entre nos
mains s'émousse, il nous reste le bistouri et
le microscope. Il nous faut plonger le bras
hardiment dans les entrailles fumantes, il
nous faut en tirer le cœur entre les vastes
soufflets du poumon, les rognons sous leur
enveloppe de graisse et dans le même revêtement de cire animale le foie qui est le
principal organe des élaborations et des
transformations intérieures. Mais ayez soin,
nous dit le Lévitique (I, 9) *de laver les pieds
et les entrailles*, c'est-à-dire ce qui est en bas
et le vaste paquet de cet engin compliqué
qui part de la nourriture pour aboutir à
l'excrément après avoir nourri du suc vital
notre circulation. Lavez tout cela, l'ordure
extérieure et intérieure, dans l'eau claire

d'un regard lucide et d'une intention pure. Et quand votre tâche sera finie, confiez le tout au feu qui se chargera de la suprême analyse, de rendre à la flamme et aux ténèbres ce qui respectivement leur appartient et de porter le tout jusqu'au ciel (1).

Au-dessus du sacrifice de la créature matérielle se place une offrande d'un ordre plus élevé, qui est mise entre les mains d'une catégorie de fidèles plus dépouillée et par conséquent plus riche au regard de Dieu, ceux que l'Évangile appelle *pauperes spiritu*, les pauvres en esprit, c'est-à-dire en qui l'esprit n'est pas offusqué par les épaisseurs

(1) Le Lévitique nous recommande, en outre, tout ce qui fera partie de notre sacrifice, de le saupoudrer de sel, de l'imprégner de cette saveur que lui donne la Sagesse. Ce sel qui dans tant d'ouvrages de dévotions modernes est remplacé par le sucre. Et cependant un peu plus loin le Lévitique (2.11) nous interdit de mélanger du miel à l'honnête et sincère farine !

Et pourquoi ne m'amuserais-je pas à griffonner en marge de ce texte ambitieux quelques vignettes ? Le bœuf qui représente les lents travaux de la terre, la brebis, cette quenouille vivante, qui est une invitation à l'industrie : et comment ne pas voir dans la chèvre indépendante et imprévue, ornement des lieux secs et rupestres, avec sa barbiche de vieil artiste et le regard insolent de son œil jaune, la figure de tout ce qui dans les œuvres de l'homme est bond, caprice, pointe, inspiration soudaine et disparition déconcertante ?

physiques. Tels sont ceux dont Saint Jean (Ch. I) dit qu'*ils ne sont pas nés de la volonté de l'homme ou de celle de la chair, mais de Dieu*, car (3.6) *ce qui est né de l'esprit est esprit*. C'est pourquoi le sacrifice qui leur est prescrit n'est pas un sacrifice de chair pesante, laborieusement divisée, mais une paire d'oiseaux chatoyants qui ne sont qu'ailes, plumes, air et feu, des colombes, ou plutôt, comme dit notre texte, des *petits de colombes*, des esprits en nous nés de l'esprit, et qui, nous dit Saint Paul, en nous renfermés, *ne cessent de postuler pour nous avec des gémissements inénarrables*. L'esprit est un, le couteau de la philosophie n'y trouvera pas de jointure, c'est pourquoi il nous est ici recommandé, comme à l'ancien Abraham (Gen. 15.10), *de ne pas diviser les oiseaux.*

De ces deux animaux ailés notre texte indique que le premier est offert *pour le péché* et le second *en holocauste*. Le premier signifie donc la pénitence et le second la prière en qui est consumé, consommé, spiritualisé, envoyé à Dieu sous l'action de la flamme, tout ce qui nous appartient.

De ce sacrifice le mode est ainsi décrit : le prêtre prend l'oiseau et lui retourne le cou en arrière — il lui fait avec l'ongle (du moins à ce qu'indique le texte hébreu) une blessure au cou et il fait couler le sang sur le rebord de l'autel. Après quoi il arrache le jabot et les plumes qu'il jette à l'orient de l'autel là où l'on met les cendres, puis il brise les ailes sans couper et sans diviser la victime avec le fer. De toute cette procédure le sens symbolique est facile à dégager.

Le cou que l'on retourne en arrière, *mais non pas jusqu'à le briser complètement* (Lev. 5.8), c'est l'âme qui cesse de regarder en avant, mue par le désir, la curiosité, la volonté personnelle, mais qui sous l'action sacerdotale est invitée à se retourner vers elle-même et du côté de sa cause, à faire en somme ce que nous appelons aujourd'hui un examen de conscience. *J'ai repensé aux jours antiques*, dit le Psaume (76.6), *j'ai eu dans la pensée les années éternelles.* Et Isaïe ajoute : *je méditerai comme la colombe.* C'est littéralement la *conversion* résultant de la componction : *Conversus sum in œrumnâ meâ dum configitur spina* (Ps. 31.4). — *Con-*

*versa Maria, dicit ei : Rabboni* (Joam. 16.20).

Et parce que sans *effusion de sang ne se fait pas rémission*, notre texte nous parle d'une *blessure* déterminée par l'ongle du prêtre, *rupto vulneris loco*, en qui l'on peut voir comme une localisation, grâce à l'ongle sacerdotal qui souligne pour ainsi dire notre infraction et nous en donne la vue et l'intelligence sensible, de la faute que nous avons commise. Entre la tête et le cœur s'exerce cette pression salutaire et cette ouverture ménagée par l'aveu à notre libération. *Déchirez vos cœurs*, dit Joël (2.13) *et non pas vos vêtements*. Mettez dehors ce qui était au dedans et que l'âme en un flot de sang, de paroles et de larmes qui se répande *à la base de l'autel* (Lev. 5.11) déterge le poison dont sa substance était infectée. Il s'agit donc ici de la confession et de cette action bienfaisante du prêtre par qui le fer de la Justice est remplacé.

On nous dit ensuite que *le prêtre arrache le jabot et les plumes et les jette près de l'autel du côté de l'Orient*. Le jabot, c'est ce premier estomac de l'oiseau qui se trouve placé immédiatement sous le bec et où il met les aliments en réserve. Il signifie l'appétit, la convoitise immédiate, le geste impulsif et direct de gober, cette passion insatiable de posséder, de se gorger, de savoir et d'avoir, dont l'Apôtre nous parle avec tristesse, cette avarice à l'égard des choses qui sont en nous sans que la poche profonde de la vie les utilise. Quant aux plumes légères et changeantes, couleur de temps, elles sont ce vêtement d'apparence et de vanité sous lequel le moment est venu de ne plus essayer de cacher notre nudité. Jetons tout cela près de l'autel du côté de l'Orient d'où nous viendra la lumière et ce nouveau revêtement dont promesse nous est faite.

Et finalement *les ailes sont rompues. Un cœur contrit et humilié,* (abaissé jusqu'à terre puisqu'on lui a cassé les moyens de s'élever), dit le Psaume 50, *tu ne le mépriseras pas.* Tel est l'état où un Dieu pitoyable voit tant de malades, tant d'agonisants et aussi tant de pénitents sincères, en qui le ressort du mal a été forcé et le nerf rendu impuissant sous la torsion de la pénitence. Elles sont rompues, les ailes de notre énergie propre. Elles ne nous serviront plus à voltiger sottement de côté et d'autre. Dieu nous élèvera d'une autre manière et ce que l'aile ne pouvait réussir, la flamme va nous le donner.

Et enfin, encore plus exténuée en matière, plus pure, plus générale et plus riche en signification, vient se placer la troisième forme de sacrifice, réservée aux pauvres entre les pauvres : cette offrande de farine émondée, de la substance alimentaire la plus exquise, de cette essence nutritive, que l'on appelle *simila, medulla frumenti*, dit le Livre des Nombres (18.12). Que l'impétrant en apporte au prêtre la capacité d'un *gomer*, qui est la dixième partie d'un *ephi*. En d'autres termes qu'il prélève la dîme sur cette *plénitude des fruits de la terre*, dont parle le Patriarche. Le *gomer* mesure la ration d'un jour pour un homme, la matière du pain quotidien : c'est ce boisseau dans l'Exode qui sert à mesurer la manne et qui réduit mystérieusement à sa propre capacité un aliment dû aux hasards variés de la cueillette.

Sur ce petit tas le prêtre versera de l'huile, il fera fumer l'encens, puis il prélèvera une poignée qu'il fera brûler sur l'autel, gardant le reste pour lui, Ainsi s'accomplira la double fonction du culte, qui est l'hommage à Dieu et la communion des Saints, l'un apportant la nourriture et l'autre répandant la bénédiction. C'est ce partage figuratif qui chez les païens mêmes conférait la solennité aux contrats. « Parmi les sacrements eux-mêmes, dit Pline, il n'est rien de plus sacré que l'engagement pris par *confarreatio*. » Qui ne verrait là une préfiguration transparente du sacrifice eucharistique, même si l'effusion d'huile ne venait pas la pénétrer du nom même de Jésus-Christ (1) ? *Ce que les fils d'Israël ayant vu, ils se dirent l'un à l'autre :* Man hu (2) ? *c'est-à-dire qu'est-ce que cela ? car ils ne savaient ce que c'était. Moïse leur dit : C'est le pain que le Seigneur vous donne à manger* (Ex. 16.15.)

— Et là-dessus, tirant la langue, je m'apprêtais à continuer cette belle dissertation, quand tout à coup je m'aperçois

(1) *Oleum effusum nomen tuum* (Cant. 1.2.).
(2) *Quid est hoc ?* Cf. S. Matth. Ch. 21 : *Cum intrâsset Jesus Gerosolymam, commota est universa civitas dicens :* Quis est hic ?

qu'il y a un pigeon qui s'est envolé ! Il n'est plus avec moi, il est tout là-haut dans la gouttière, qui se pavane et qui tourne sultanesquement autour de lui-même. C'est en vain que je l'appelle, c'est en vain que j'essaye de ramener en bas ce fier seigneur, ce tragédien de plume et de soie, en lui montrant une main remplie de grains tentateurs, tandis que l'autre dissimule cet atome de sel péremptoire qui le rendra idoine à la capture. Mais quelle chance a de se faire écouter ce vieillard au fond de la basse-cour qui murmure d'une voix enrouée : *Columba mea ! speciosa mea !* tandis qu'au-dessus de nous ce ciel bleu aménagé comme la coupole d'une église Jésuite par de triomphaux praticables, tout débordant d'un clergé lyrique et de *blanches nations en joie* (A. R.), invite à l'ascension un oiseau triangulaire ? Et toi-même, avec tes pieds dans les feuilles mortes, ô pauvre pèlerin, n'as-tu pas d'autre chemin que les yeux pour t'associer à ce départ vibrant, à cet essor vertigineux ? serait-ce donc si vainement qu'il aurait été écrit (Ps. 83.6) : *Il a été disposé dans le cœur des moyens d'ascension ?* Et si

tu interroges Psyché, ton âme, ne trouve-
ras-tu pas sur cette joue délicate où l'attention se marie à l'intelligence, cette fragilité
précisément, cette instabilité, cette difficulté
de la constance à un sol dur, cet émoi de
la pudeur, ce chatoiement indécis par lequel
une vierge épuise pour répondre au rayon
qui l'interroge toutes les ressources de
l'iris ? (1) cette émulation par le sentiment
de la colombe et cette invitation de l'esprit
à l'aile. Ainsi s'expliquerait ce verset assez
surprenant du Cantique qui nous dit de la
Bien-aimée que *ses joues sont belles ainsi que
d'une colombe.* Car si nous ne répugnons pas
absolument à l'image qui nous est suggérée
un peu plus loin, soit *l'écorce de la pomme
punique,* (à la condition que nous songions
surtout au trésor aggloméré et sanglant de
joyaux translucides que recèle ce mystérieux
épiderme) (2), que dire d'une comparaison
avec ce qui n'existe pas, les joues d'un

---

(1) *Circumamicta varietatibus.* — Ps. 44.15.
(2) Autrement dit : que l'intérieur nous fasse oublier
l'extérieur. Car une pêche ou de même une pomme, ça
va bien ! mais que dire d'une femme qui aurait la peau
d'une grenade ? quel cuir de giberne ! quelle complexion
de lessiveuse !

oiseau ? Nous entrons ici dans le domaine
aérien de l'analogie et à notre oreille de
chaque côté de la tête est suspendu un
brimbalement d'idées correspondantes, ainsi
qu'à notre vigilance intime l'avertissement
à demi proféré de la morale. Tendez la tête,
Psyché, et je mettrai autour de vous ce
collier où l'argent à l'or entrejoint imite ces
ondes incessantes qui se jouent sur la gorge
de la tourterelle (Cant. I. 10).

Et réjouissez-vous, petite sœur, d'être si
bien à l'abri au fond de cette sure retraite
où peu de curieux viennent troubler votre
recueillement et où la contenance altière de
vos servantes décourage les importunités.
Que d'autres, moins heureuses que vous,
entre vos compagnes, ont subi les outrages
du ravisseur ! Que de vols tout entiers ont
été ramassés par le filet, cependant qu'atti-
rées par le Sud, elles s'efforçaient de franchir le passage dangereux des Pyrénées !

C'est ainsi que jadis, sur les bords de la
Méditerranée, les mas, les villas, les châteaux
isolés, n'étaient pas à l'abri de l'insulte des
Barbaresques. Les familles étaient écumées,
des noces tout entières étaient raflées par

ces brigands, et, comme les cages plaintives sur le Quai de la Mégisserie, des essaims palpitants de jeunes filles venaient remplir la cale de ténébreux navires. Et qui sait, à supposer que le destin m'ait fait naître en d'autres temps, si je n'aurais pas été moi-même un de ces Turcs, qui au beau milieu de la vie réglée et de la fourmilière bourgeoise faisaient irruption, le sabre à la main, tout à coup, pour revendiquer les droits du hasard ? Ne peut-on se figurer un de ces scélérats qui sur ses vieux jours sans renoncer à sa vocation aurait rejoint les rangs de la bienfaisance et qui à l'instinct de la rapine aurait superposé celui de la philanthropie ? Le cours des choses humaines est-il à ce point réglé par la convenance et la justice pour qu'à certains moments un bon coup de pied dans la table ne vienne à point pour rétablir la partie ? Je me représente donc notre bienfaiteur au fond d'un palais d'Alger ou de Bougie installé comme au centre d'une vaste administration dont les fils indéfiniment ramifiés aboutissent autour de lui à ces tiroirs de fiches. La Méditerranée est son domaine et comme un intéressant instrument entre ses mains où il établit toutes sortes de correspondances. C'est lui qui, grâce à ses informations supérieures, se charge de distribuer le frémissant butin que ses émissaires au nom de la Grâce ont prélevé sur la routine. Il s'est fait l'auxiliaire du destin, l'artisan de tous les rapts injustifiés et de tous les bonheurs inexplicables. Procurez-vous son adresse, nul ne s'adresse en vain à ce marchand d'inconnu.

Comme la nature a ses resserres de distribution, elle a aussi ses centres d'approvisionnement. Il m'a été impossible d'habiter longtemps ce domaine dont l'héritage m'a acquis les horizons sans connaître le lieu et l'heure où ma présence suffit à déterminer d'immenses essaims qu'un geste congédie vers d'autres climats. Mais qui de nous sait où va la parole qui s'est échappée de sa bouche ? cette parole, cette colombe, cette jeune fille inconnue, cette visiteuse aux yeux baissés que le pauvre étudiant tout à coup en rentrant chez lui trouve installée au coin de sa table de travail ? L'Angelus que trois fois par jour cinquante mille clochers assi-

dûment déversent sur les campagnes de
France, qui dira de quelles bénédictions
agiles il a rempli l'atmosphère et quel rapport l'exhalation de ce silencieux *Ave* sur
les lèvres de la carmélite et de la clarisse
a avec le dépôt au plus secret de notre
pensée de ce flocon de neige et de ce lent
duvet ? Et de même cette puissante éléva-
tion de paroles, nourrie des réserves superposées du Saint Esprit, que les chœurs de
religieux l'un sur l'autre et que Monsieur le
Vicaire dans son jardin pieusement attelé à
son bréviaire, font monter vers le Très-
Haut, est-ce qu'il n'en reste rien ici-bas,
est-ce qu'Il garde tout pour Lui, ou plutôt
ne s'agit-il pas de populations pressées de
sons et d'idées dans toutes les directions
qui se préparent à coloniser la terre ? C'est
ainsi que sur le toit de mon pigeonnier,
aussi roucoulant et affairé que l'est une
Bourse au moment de l'ouverture, je vois
les levées prêtes à partir se mêler et s'entre-
tenir avec les vieilles bandes qui reviennent
de ces rives là-bas au delà de la Casamance
et du Zambèze. Beaucoup de ces messagers
à qui mon souffle a donné l'essor ne sont

jamais revenus. Quelques-uns sans doute se sont fait un nid sous le toit de quelque pagode ou tournoient, un sifflet sous l'aile, autour des portes gigantesques de Cambaluc. Plusieurs, *blessés, tirant de l'aile*, je les ai vu regagner d'un vol meurtri le toit natal. Mais d'autres, comme des appelants, quels étranges compagnons les ai-je vu aussi parfois ramener du ciel, comme des canards au milieu d'eux tout à coup qui voient s'abattre, précédée dans cette honnête mare de reflets tumultueux, une bande de mouettes ?

# LA LÉGENDE

## DE

# PRÂKRITI

Sanctius hic animal, mentisque capacius altæ,
Deerat adhuc, et quod dominari in cœtera posset
Natus homo est, sive hunc divino numine fecit
Ille opifex rerum, mundi melioris imago,
Sive recens tellus, seductaque nuper ab alto
Æthere cognati retinebat semina cœli.
Quam satus Iapeto mistam fluvialibus undis
Finxit in effigem moderantum cuncta deorum.
Pronaque cum spectent cœtera animalia terram
Os homini sublime dedit, cœlumque tueri
Iussit, et erectos ad sidera tollere vultus.

OVIDE, *Metam.*

Rudis indigestaque moles...
... Sine pondere habentia pondus.

ID. *Ibid.*

*Au D<sup>r</sup> Alexis Carrel*
*en témoignage d'affectueuse admiration.*

Le Maître, ouvrant la bouche, ajouta ces
paroles :
« Si quelqu'un vous demande : quel est

ce langage ? qui vous a appris cela ? quelle est cette manière de philosopher, juste bonne pour les petits enfants, et que nous croyions depuis longtemps abandonnée, de se faire entendre en personnes et en figures, en histoires et en paraboles ? Allons-nous voir reparaître l'Amitié et la Discorde du vieil Empédocle ? et toutes ces imaginations du paganisme finissant quand il essayait d'interpréter et de spiritualiser pour les cœurs inquiets les épaisses carcasses d'Héraclès et d'Aphrodite ? Qu'aurons-nous gagné quand vous aurez inventé un petit roman où les forces matérielles personnifiées joueront chacune leur rôle ? Un conte n'est pas une explication. Vous feriez mieux de nous dire tout de suite le nom de votre auteur et il aura affaire à nous. Et je crois voir sur l'autre rive Messieurs les théologiens qui froncent le sourcil...

— Alors ne dites pas mon nom, mais simplement que vous avez mangé de l'herbe-aux-chats et de cette racine mexicaine qui nous en fait voir, dit-on, de toutes les couleurs. Suppliez les puissants fils d'Anak de ne pas faire attention à vous, de ne pas prostituer leurs regards jusqu'à s'apercevoir de l'existence d'insectes aussi abjects, et demandez leur plutôt de reprendre le cours de leurs récits enchanteurs et plantureux sur l'Évolution, l'Électricité, le Progrès, la Division des Pouvoirs, l'Élan Vital et cette touchante vicissitude de la Demande et de l'Offre, qui, comme les amants de la légende Orientale, sans cesse se séparent et se rapprochent, pour ne se rejoindre jamais. Ce ne sont point là, n'est-ce pas, des abstractions réalisées, mais des certitudes évidentes et confortables au milieu desquelles nous pouvons passer une existence illuminée par l'approbation de nos supérieurs.

Pour nous, puisque nous sommes actuellement en permission, bienheureusement assurés de l'indifférence de tous les hommes, asseyons-nous dans ce pré, à l'ombre de notre propre insignifiance, comme une compagnie d'innocents que la Bonne Sœur a menés à la campagne par un beau jour de juin, et reprenons le cours de nos entretiens de catacombes, avec pour seule bibliothèque cette Histoire Sainte maltraitée dont un pouce mouillé de salive nous aide à tourner les pages en lambeaux. Le grondement de cette puissante rivière qui par-dessus le déversoir suit son cours, tour à tour hésitant et rapide, vers le futur, fait le fond continuel de notre pensée. Et ces papillons chancelants, ces abeilles à l'étincelante armure qui s'acharnent aux poils d'une scabieuse, répondent assez bien aux entrecroisements de notre logique. Puisse notre parole emprunter quelque chose de sa persuasion à cette brise si douce qui nous apporte le tintement des vêpres mêlé aux cotons des peupliers !

Nous en étions, je crois, à ce moment de la Création où Dieu au milieu de l'ébullition de la matière en travail nous donne à considérer quelque chose de solide qui émerge de la marmite. Déjà au premier verset de la Genèse il nous est enseigné que Dieu avait créé la terre, mais il l'avait créée, pour ainsi dire, sans paroles ; c'était quelque chose que Moïse ne caractérise que par les mots d'*inane* et de *vide*, c'est-à-dire par les possibilités de son être futur, par cette place qui s'ouvre à la réalisation. Cette fois Il la distingue et Il lui donne un nom propre : *Il appela l'aride* (cette chose à sec par contraste avec les

Eaux universelles) *Terre* (Gen., I-10). Il y a désormais quelque chose de particulier qui répond à ce nom, mais non pas quelque chose de passif et de mort. Tout ce que crée le Dieu vivant est vivant, tout ce qui naît de la Parole est parole, tout ce que la Parole évoque à l'existence est réponse. D'un bout à l'autre de la Terre s'étend par le moyen de la vertu qui lui est fournie une obligation solidaire de faire ce qui lui est dit, une attitude commune, une résistance à autre chose que l'Ordre. De la surface au fondement s'approfondissent, s'élargissent et se ramifient les racines de la spontanéité, l'aptitude à faire. *L'altitude*, dit Habacuc (III, 10) *a élevé ses mains*. La voici prête à exécuter ce que Dieu lui commandera. *Parlez*, dit-elle, *Seigneur, car votre servante écoute*.

Tout ce qui a reçu de Dieu un nom est capable de *répondre* à ce nom, responsable d'un certain effet à lui fournir, bénéficie d'une énergie propre qui lui permet de pourvoir à cette exigence au-dessus d'elle et à cette œuvre qui lui a été départie. Quand donc nous nommons, après leur Créateur, et la Terre, et le Ciel, et la Mer, il ne s'agit pas de personnifications idolâtriques, mais il ne s'agit pas non plus de pures abstractions philosophiques ou rhétoriques, comme ces personnages des romans du Moyen Age, Bon-Vouloir et Fol-Amour. Il s'agit de Raisons sociales, orientées d'une certaine manière, adressées à certaines tâches, imprégnées d'une sensibilité commune à certains accents de leur Auteur, ayant à faire face à d'immenses responsabilités et habilitées pour cela à tirer sur les provisions qui ont été constituées à leur crédit.

Au surplus si nous voulons nous rendre compte de l'attitude et du comportement de la Création à l'ouïe des ordres de son Auteur, nous ne sommes pas privés du regard nécessaire. Dieu en nous donnant la conscience nous a ouvert un œil non seulement sur le fond de nous-mêmes, mais sur toutes les forces intérieures de production et de développement de ce monde qu'Il a fait. Nous n'avons qu'à regarder en nous-mêmes pour y trouver disposés la Terre, la Mer, le Ciel étoilé (1), et comment tout cela

(1) *Numquid ingressus es profunda maris et in novissi mis Abyssi deambulâsti ?* (Job, 38, 16). Réponse : Oui.

à la fois s'y prend pour pourvoir à la génération des plantes et des animaux et à
l'exécution dans le temps de ce *Bleu* délivré
par l'éternité. Le regard du Père se pose
avec la même complaisance sur ce papier
rempli d'une germination de lettres innom-
brables et sur un grand champ ensemencé.
Rien de plus facile que de nous mettre dans
un esprit de foi et de louange à la place de
ces énormes créatures rudimentaires, qui
après tout n'ont pas une autre origine et
une autre fin, et un autre répertoire, que
nous-mêmes ; et puisque Dieu, nous apprend
le Psaume, est partout, jusque au plus profond de l'Enfer, et nous-mêmes avec Lui (1),
de comprendre ce devoir qui leur a été
imposé de restituer la parole incorporée à
leur substance (2) et de satisfaire à leur
manière à ce commandement universel for-
mulé par le Deutéronome et renouvelé par la
bouche même du Fils de Dieu (Deuter., 6-5 ;
Matth., 29-37 ; Marc, 12-30 ; Luc, 10-27)
*Tu aimeras le Seigneur ton Dieu de toute ta
force.* Pour la nature comme pour l'homme

---

(1) Puisque *là où Il Est, là nous serons avec Lui.*
(2) *Substantia mea apud Te est* (Ps. 38. 8).

le devoir est le fondement du pouvoir (1).

De toutes choses la raison d'être étant de servir Dieu, Dieu miséricordieusement a consenti à se servir d'elles. Elles existent, dès lors elles ne sont pas pour Lui comme si elles n'étaient pas, il les admet à travailler sur ses indications à la réalisation ultérieure de ses plans au moyen de la matière et des instruments qu'Il a placés à leur disposition. Il commande et Il demande. Nous ne voyons pas dans la Bible que Dieu superpose des classes d'êtres qu'Il a tous également tirés de rien, de manière qu'elles ne se doivent rien l'une à l'autre. Il y a de l'une à l'autre, communication, assistance, charité, intelligence, invitation, obstacle, mesure, fourniture à la forme prescrite, expression réciproque dans le cadre proposé de ce besoin vital d'obéissance, génération, apport du sein à ce client inconnu qui a besoin de nous pour exister. Dieu ne dit pas simplement : *Fiat herba — fiant volatilia et reptilia,* mais *germinet terra herbam viren-*

---

(1) *Numquid mittes fulgura et ibunt, et revertentia dicent tibi : Adsumus ?* (Job, 38-35).
*Stella vocatae sunt et dixerunt : Adsumus.* (Baruch, 3-35).

*tem — producant aquae reptile et volatile.*

Ainsi quand Michel Ange a reçu du Pape la commande de la Chapelle Sixtine et le thème du Jugement Dernier. Tout son esprit, toute sa connaissance, sa sensibilité, sa mémoire et sa volonté s'organisent et se disposent. Les dimensions, les matériaux, les couleurs, les pierres, le plâtre, tout cela est placé à sa disposition ; les commandes sont envoyées de tous côtés avec dates de livraison. L'expérience, l'amour, les suggestions du passé, la vision du beau, du possible et du convenable, l'idée, le rut en lui de cet enfant qui demande à naître, provoqué par une image désirable, tout cela conduit le travail de son œil et de ses deux mains. Non moins authentiquement que les Eaux jadis produisirent reptiles et volatiles, le bleu mystérieux de l'élément pictural émane toute cette architecture de corps nus qu'appelle et répartit le geste tout en haut du Fils de l'Homme.

Mais la Nature, elle, a à puiser dans un bien autre trésor, des ressources infiniment plus riches lui sont conduites à utiliser l'Esprit Saint souffle sur elle à pleins poumons, et les idées ne lui manquent pas qu'elle réunit de toutes parts dans le tracé d'une étourdissante parabole. En deçà de sa propre création elle se souvient. Elle se souvient de ce temps avant les temps où sur les éléments encore fluides la Sagesse de Dieu se jouait (1) en présence du Verbe. Elle se sent encore imprégnée de son parfum, entraînée à son rythme, investie de sa force et de sa mesure, équilibrée sur ce poids qui, nous dit Saint Augustin, n'est autre chose que l'amour. Elle n'existe pas toute seule, elle sait qu'il s'est passé quelque chose avant elle. Elle a été créée le soir et non pas le matin, ce matin dont la fraîcheur virginale a été réservée au seul Lucifer. Elle a au devant d'elle l'ordre de Dieu, mais elle a derrière elle de quoi y satisfaire, elle fermente de ce trésor inné, elle pousse sur la mer, elle a derrière elle les chœurs superposés des Anges et l'organisation de cette prodigieuse cité des esprits, cette grappe innombrable de lampes tout entière suspendue à la Flamme Séraphique.

C'est ici que comme le Vieil Homère, ou

(1) Épître de l'Immaculée-Conception.

dans tous les pays du monde ces amis déguenillés du Vent-qui-souffle, scaldes, bardes, rhapsodes, qui allaient d'une ville à l'autre, les yeux à demi fermés, pleins de visions et de paroles, en se grommelant à eux-mêmes de longues épopées confuses, je voudrais avoir sous la main l'instrument par excellence de leur profession, lyre, banjo, quelque chose pour d'une main crispée en tirer une ébauche de rythme, — une poignée de cordes ! quelque chose qui interrompe le discours pour lui donner un élan, une élasticité, un coup de fouet, et qui fasse monter des profondeurs de l'esprit de monstrueux paquets d'images et d'idées ! C'est cette espèce de clameur d'encouragement que dans les psaumes le chantre sacré s'adresse à lui-même : *Selah !* (1). Il y a une espèce d'unité que détermine au fond de nos puissances auditives ce son qu'elles accueillent toutes à la fois. Ainsi, ce que la Genèse appelle *la Terre* ou *les Eaux* (2), pour

(1) Et dans la Chanson de Roland cette espèce de cri de charretier qui termine les longues laisses monorimes : *Aoi !*

(2) Gen., I-II. *Germinet terra herbam virentem et facientem semen et lignum faciens pomiferum fructum juxta genus*

entendre le commandement qui leur était adressé et pour se mettre en mesure de lui fournir accomplissement, il fallait qu'il y eût dans ces grands êtres confus quelque chose de commun, quelque chose sur toute l'étendue de la nature d'accessible à l'accent créateur. Si nous soufflons, sur la poussière comme nous le faisons en parlant, nous la chassons de tous les côtés en en séparant distinctement tous les grains. Si nous reprenons haleine, notre aspiration forme un courant qui réunit de tous côtés cette vapeur qui nous entre dans les poumons. Ainsi quand Dieu parle à la matière, Il sépare ce qui était confus, Il y crée une distinction, une classification, une aptitude intelligible. Et quand Il reprend, si je peux dire, haleine, il détermine sur toute l'étendue du dispositif un retour, une réunion, une coopération, un mouvement qui se précipite à sa suite et qui se solidifie dans une forme. Tel est le double *Temps* de la Création, une

*suum cujus semen in semetipso sit super terram. 24. Producat terra animam viventem in genere suo, jumenta et reptilia et bestias terræ secundum species suas. 29. Producant aquae reptile animae viventis et volatile super terram sub firmamento coeli.*

inspiration qui est intelligence et une respiration qui est une conspiration dans une forme commune.

Quand Dieu dit : *Que la terre produise — Que les Eaux produisent —* Il ne s'adresse pas à telle ou telle partie de ces éléments, mais à l'unanimité de ces vastes corps, de manière que rien en eux ne demeure étranger à l'attention et à l'obéissance. L'humus à soi tout seul ne suffirait pas à réaliser l'herbe verte, il y faut l'eau, le soleil, un vaste ensemble autour de cette conception de conditions antécédentes ou ambiantes. Et cela est vrai encore davantage pour les êtres animés. Rien n'est possible sans la collaboration de tout, sans un laboratoire par avance de toutes parts organisé. Dieu s'adresse alternativement aux deux parties de la Création matérielle, *l'Aride, les Eaux,* qui répondent à ce couple mystérieux suscité *dans le principe,* la Terre et le Ciel. Les reptiles et les oiseaux répondent aux démons et aux anges, tandis que cette *âme vivante* que la terre est invitée à *produire* indique la solidarité dans l'effort et dans le travail de toutes ces couches superposées depuis le néant jusqu'à l'expression et jusqu'à l'homme. Voici l'homme associé à toute la Création sous lui et qui lui dit comme Job : *Ma mère et mes frères,* une parenté qui réside non seulement dans sa chair et dans ses os, mais dans son âme dont ce flambeau élaboré a rendu possible l'éclat suprême.

De l'étude des versets sur lesquels je promène le doigt se dégage une autre remarque. Pour toutes les choses créées, la distinction, la particularité est une condition de l'existence. *Selon leur genre, selon leur espèce,* insiste l'Auteur Sacré. C'est tout un catalogue à la fois qui est déballé. Les êtres ne s'engendrent pas seulement, ils se provoquent. C'est dans la différence qu'est leur raison d'être. Ils se comportent entre eux comme des *termes,* c'est-à-dire comme des limites. Ils s'emboîtent extérieurement par la forme et vitalement par le besoin. L'un achève ce que l'autre a commencé. L'un nourrit cet appel que l'autre constitue. L'hymne pour arriver à l'accord final a besoin de toutes les ressources du vocabulaire, sans qu'il y manque virgule ou point, barre de *t* ou panse d'*a.* Alors se déploie d'un bout à l'autre de la Création la Litanie, cette énumération triomphale que nous voyons de temps à autre étinceler au milieu des textes prophétiques. *Louez le Seigneur dans les cieux ! Louez-le, Soleil, Lune et toutes les étoiles, et toi, lumière ! vous, cieux des cieux et toutes les eaux qui sont au-dessus ! Dragons et tous les abîmes ! Feu, grêle, neige, esprit des tempêtes, qui faites sa parole ! Montagnes, collines, arbres fruitiers, cèdres, et tous les animaux, serpents et volatiles ! Rois, princes, juges, jeunes gens et vierges !* (Ps. 148). *Bénissez, cieux, le Seigneur, louez-le et exaltez-le au-dessus de tous les siècles ! Bénissez, toutes les eaux, le Seigneur ! Vertus de Dieu, le Seigneur,* — et tout ce qui suit. (Daniel, Cantique des Enfants dans la Fournaise.)

Si donc nous admettons au sein de notre vieille Prâkriti cette capacité de regard, de spontanéité, cette aptitude à *réaliser*, au double sens de conception et d'acte, — au lieu d'enregistrer d'une main indifférente ces résultats d'une combinaison de la passivité avec le hasard, où le sens nous paraît faire défaut, — nous ne pourrons nous défendre de sympathie et d'intérêt pour ce

long effort sans cesse soutenu, repris, modi-
fié, enrichi et finalement mené à bien, vers
une expression de plus en plus articulée et
détaillée de ses sentiments intimes.

Pareille à ce stade en quelque sorte vis-
queux dans l'esprit d'un poète, quand les
idées ne sont encore qu'une condensation
quelque part, une paresse à s'éloigner d'un
certain centre d'épaississement, l'histoire
de la vie sur la terre, on peut le supposer,
commence à ce moment où l'eau acquiert
une vertu adhésive, où la lymphe devient
humeur, où toutes sortes de ferments tra-
vaillent la sève primitive, où la glaire et
l'albumine se mettent à la recherche d'une
enveloppe, où le rut cosmique çà et là
attaque d'énormes bols de flegmes et de
salives. Alors paraissent ces escargots qui
donnent l'idée de l'œuf élaboré par la spirale : c'est l'être rond qui à l'abri de sa
tunique calcaire s'interroge sur sa propre
existence ; — les étoiles privées de sens
propre dont les branches indiquent toutes
les directions ; les morves « montées », — et
tout ce qui fixé au sol des mers imite le
végétal et le concombre. C'est le règne des

invertébrés. Puis sur ce fond ainsi réalisé, toutes sortes de variations, de complications et de détails apparaissent, l'aptitude multipliée à tirer parti d'une situation donnée, tout ce qui dans la digestion peut aller à la rencontre de la capture, le crin sensitif et préhensile, une étude de plus en plus poussée du principe de la radiation. Les colonies des éponges, des coraux, des infusoires, les bancs de mollusques s'agglomèrent. Et tout à fait à la fin de ce jour les premiers vertébrés apparaissent sous la forme du scorpion et de la lamproie.

Alors Prâkriti commence à y voir clair, ses idées deviennent de plus en plus brillantes, ses plans se précisent. Dans la fluidité générale elle commence à réaliser le parti qu'il y a à tirer de quelque chose de solide et d'indépendant. Elle suggère à ses « créations » de se servir de cette espèce de bâton intérieur et souple qu'elle met à leur disposition, de construire là-dessus leur armature personnelle. Il y a quelque chose de mieux à tirer du minéral qu'à confirmer le contour, qu'à servir de limite et de bouclier. Ce qui était dehors, mais tiens ! on peut le mettre dedans, on peut y accrocher et y suspendre toute une organisation, et c'est sur ce plan qu'elle lancera ses futurs radeaux.

Quand les nouveautés de la troisième saison sont mises en circulation, tout a changé d'aspect. Aux rêves vagues, aux entortillements, aux astéroïdes, aux repliements embryonnaires, aux maussades incrustations, aux flasques dérives, a succédé l'apparition de brillants seigneurs et une ligne de plus dans la pile des émersions fossiles nous avertit que le règne du poisson a commencé. C'est une date quand pour la première fois l'autonomie est réalisée, quand le sens et la direction apparaissent, que cette boîte de commandement qui est la tête avec toutes ses amorces et branchements se dégage, qu'un engin de propulsion est mis au service d'une volonté indépendante, que des excroissances au dehors, des commencements de membres sous forme de queues et de nageoires permettent à l'animal, au lieu de réagir passivement à l'ambiance, de lui imposer service. La chasse rend nécessaire en lui l'apparition des facultés d'atten-

tion, d'appréhension et de discernement.
Jusqu'ici nous ne nous sommes occupés
que de la mer, les Eaux. Quant à l'Aride
nos archives sont longtemps muettes. La
Genèse nous la montre simplement le troisième jour recevant le commandement et
par conséquent le pouvoir de germer *l'herbe
verte et cette semence qui est contenue en elle-
même* : cela avant même que le voile baptis-
mal de vapeur dont elle était enveloppée se
soit levé et lui ait permis de considérer le
soleil, la lune, les étoiles et tout cet innombrable univers dont elle est l'imperceptible
raison d'être, avant que la durée uniforme
et continue *(tempus)* ait été rythmée et
interprétée par toutes sortes de temps divers
*(tempora)*, avant que la machinerie du
temps se soit mise en marche pour elle (1).
Quand le rideau se lève sur l'Acte auquel

(1) Afin que tout cela luise sur la terre, afin que, par
le moyen de ces luminaires, il y ait un jour et une nuit,
que les *Signes et temps* soient fermement établis dans le
ciel et préposés à la division des jours et des années.
(Gen., 1-14-15), *Fiant*, qu'ils soient existants par rapport
à la terre.
Cf. Ovide *(Metam.)* :

*Vix ita limitibus dissepserat omnia certis
Quum, quæ pressa diu massâ latuere sub illâ
Sidera, cœperunt toto effervescere cœlo.*

nous sommes parvenus, nous trouvons Prâkriti tout occupée à faire ses confitures.
Des machines à feu fonctionnent de tous
côtés, les balances montent et descendent,
les continents sont soumis à un régime alter-
natif d'émersions et de bains, d'énormes
cataplasmes végétaux sont mis à cuire, com-
primés, pétris, saupoudrés de sel et de sable,
travaillés de sauces énergiques, afin que
cette nuit minérale soit réalisée où le feu
trouve son aliment et les hommes d'aujour-
d'hui les matériaux de leur cuisine. D'énormes provisions sont mises en silo pour les
siècles futurs, des citernes inépuisables de
sirops combustibles, les bases de notre bibliothèque paléontologique sont constituées, ce
que l'on peut appeler les ouvrages de fond
et les premiers versets bégayants de notre
Bible cosmique.

Quand les premiers chapitres détrempés
de l'histoire de la Terre commencent à sécher
à la lecture, nous voyons l'entreprise de
colonisation générale qui avance sur plusieurs fronts. Tout d'abord voici s'avancer
et pulluler, précédées, il est possible, par
les myriapodes et scolopendres, les bêtes à

trous (ou trachées), — insectes en qui notre vieille grand'maman a combiné deux idées obstinément ancrées au plus profond de sa mémoire, celle de la chaîne ou du nombre articulé, et de l'étoile. Hors de la vase rampe tout le peuple ripuaire et amphibie, tortues, crabes, lézards. Et voici, qui se glissent parmi les herbes, les reptiles, en qui la poche pulmonaire et la création d'une atmosphère intérieure, a permis de se détacher de l'habitat aquatique. Et puisqu'à ce moment souffle sur Thétys l'invitation de passer d'un élément à l'autre, un perfectionnement génial de la nageoire permet tout à coup au reptile de se soutenir dans l'air, et nous voyons lamentablement voleter dans la vapeur fossile une espèce de chauve-souris et de volaille à dents aussi ridicule que les premières automobiles et l'avion de M. Ader.

En présence de résultats aussi remarquables il n'y a pas à s'étonner que la bonne fermière dont nous inventorions en ce moment le poulailler ait été saisie d'un accès d'enthousiasme, ou, pour mieux dire, d'un coup de véritable mégalomanie. La mer lui avait depuis longtemps permis d'acquérir une véritable expérience en matière de construction. La voici, pour reconnaître toute l'étendue de cet immense domaine qui arme des escadres d'ichthyosaures et de plésiosaures, de thalattosaures à trois ponts. C'est un envahissement de reptiles, ces tronçons de courants qui imitent l'onde par l'ondulation se glissent partout, et Neptune avec curiosité au bout de son trident considère ces nouveaux citoyens de l'abîme. Ce qu'elle avait réussi sur l'eau, pourquoi ne l'essayerait-elle pas sur la terre ferme, d'autant plus que l'Océan végétal auquel elle avait à s'attaquer, le maquis carbonifère et jurassique, faisait clairement comprendre la nécessité des gros numéros et des gabarits imposants. Ce sont de véritables tanks animaux qu'il faut machiner pour s'ouvrir un passage à travers le taillis de cycas, de fougères et de lianes. La terre tremble, les arbres déracinés s'abattent, la sylve s'emplit d'un bruit de crocs, de cassures et de piétinements monstrueux, et dans la trouée apparaissent des êtres immanes. Les premiers se montrent à nous dans une attitude oblique et accroupie d'amphibies, traînant derrière eux un long héritage de reptile, la queue, qui leur permet à la manière des caterpillars d'adhérer au sol gluant et de tant bien que mal s'équilibrer. Un redressement s'opère ainsi dans leur stature, le ventre devient poitrine et proue, le corps suit le relèvement de la tête. Prâkriti ajuste tant bien que mal ses reptiles sur une espèce de boggie grossièrement conditionné, soit à quatre pattes comme le diplodocus, soit à deux seulement comme le tyrannosaure, et tous ces demi-redressés qui sont la prophétie de l'autruche, du kangourou, du singe et de l'homme. L'animal définitivement a émergé de l'abîme et s'avance à la rencontre de sa destinée. Mon Dieu ! comme tout cela est encore gauche, hagard, bâclé, une espèce d'ébauche brutale, un artiste qui répond au provisoire par de l'improvisé ! On le sent qui est pris entre l'habitude et l'inspiration, ce qui est et l'exigence impitoyable de ce qui demande à être, et qui tant bien que mal essaye d'accommoder le nouveau avec l'ancien. Qui pourrait considérer sans sympathie par exemple ces espèces de moignons faiblo-

chards et ridicules que ces sauriens à dégaîne
de marsupiaux agitent dans la direction de
l'avenir, avant qu'à l'épaule d'Adam ils
deviennent le bras et la main, la main tout
sachante et toute puissante ?

Les études sont finies, il n'y a plus qu'à
envoyer au dépotoir toutes ces carcasses
absurdes, le moment est venu de faire un
pas de plus et de se débarrasser de cette
obsession du reptile qui décidément a fait
son temps et qui ne répond plus à la situation. Le sol s'est consolidé et n'exige plus
l'étroite adhérence de la limace. Mettons de
côté pour le moment cette idée des bras en
l'air préhensiles, — nous la retrouverons
plus tard. Pour l'instant il n'y a pas de trop
de tous les membres pour qu'une traction
en avant réponde à l'aveugle poussée de
l'arrière-train. C'est l'avènement du quadrupède, le mammifère qui succède au reptile,
la fonction à la ponte, la souplesse à la cui-
rasse, le cœur battant, la chair chaude,
respirante et palpitante. La queue se réduit,
s'exténue et ne devient plus que cet appen-
dice en quelque sorte psychologique qui con-
clut comme par un paraphe sentimental la

croupe de nos quadrupèdes. La trompe seule,
ces fortes armes à la tête du buffle et au
nez du rhinocéros, rappellent l'antique reptile et tout l'obstacle à travers quoi le nouveau venu a eu à s'ouvrir passage.

L'âge suivant nous montre dans la ligne
des événements un retournement dramatique et jusqu'ici, en dépit de toutes les
hypothèses, complètement inexplicable (1) :
mais après tout qu'est-ce qui n'est pas finalement inexplicable dans la géologie, qui
n'est pas une science, mais une chronique,
une genèse, la superposition devant nos
yeux d'une série d'horizons et de faits,
tantôt presque ordonnés, tantôt enchevê-
trés et confus, séparés par des fissures.
Appelons donc au secours de cette empêtrée
sa sœur jumelle et sa fidèle compagne au
cours des siècles fabuleux, la mythologie !
Invoquons, plus ancienne que Prâkriti, celle
que rien ne nous empêche de nommer Erda,

---

(1) Tel le mammouth, cet extraordinaire éléphant à
longue laine dont on retrouve de temps en temps des
spécimens engloutis dans des fondrières. La laine indique
un habitat arctique, mais alors où trouvait-il en hiver
les tonnes de matière végétale nécessaires à sa nourriture ?
Et s'il émigrait en hiver, pourquoi ce pardessus ?

— ou plus familièrement Madame G. (1), s'il faut admettre avec Aristote et Platon qu'une espèce d'âme ou de personnalité se cache aux entrailles de notre planète, quelque chose en masse qui soit capable de prêter l'oreille et de répondre aux injonctions du Créateur. Déjà au cours de la période précédente elle avait reçu d'énormes commandes et elle avait opéré livraison entre les mains de l'entrepreneur général de l'arête dorsale et du relief essentiel de notre habitat, l'Himalaya, les Alpes, le Caucase et les Andes, toute cette matière longuement gâchée au fond des auges sous-marines et maintenant dûment exprimée, étalée et répartie en bourrelets, plateaux et ramifications. Maintenant la Titane qui jusqu'ici, comme l'indique la présence dans le charbon du Groenland et du Spitzberg de plantes aujourd'hui réservées à nos tropiques, avait joui d'une température uniforme de bain-marie, se met à manufacturer du froid. D'énormes calottes de glace se forment autour des pôles et descendent des centres montagneux nouvellement constitués. Elles se retirent, elles

(1) Le grand Suess lui-même a bien recours à Thétys.

avancent de nouveau. C'est le suprême coup de rabot. Le balancement de nos saisons s'établit, le va-et-vient de l'arrosoir, le budget régulier des vents et de la pluie. A la veille de ce jour où l'homme va apparaître ne convient-il pas que les pentes soient prêtes, que les chemins soient frayés, que les obstacles et les communications soient combinés, que l'âpre soit aplani et ces plateformes dressées où le drame de l'histoire va commencer à se déployer ? La faune, la flore fossile ont été balayées. Voici les cieux nouveaux et la terre nouvelle dont parlent les prophètes, un immense jardin à la place de l'antique marécage et de la fosse aux monstres, tout rempli de plantes à notre usage et d'êtres à notre échelle. Le Paradis est réalisé, le jardin de délices est mis à notre disposition.

Tout ce que je viens de vous raconter là n'est qu'une légende, ou, si vous aimez mieux, une parabole, mais j'ose dire que la valeur de cette dramatisation figurative est supérieure à ce procédé que les savants appellent hypothèse, en ce que du moins elle ne comporte pas de contradiction dans les termes. La science matérialiste, en excluant de sa spéculation tout élément extérieur aux données immédiates et sensibles et aux facteurs mensurables, admet à la fois deux choses qui s'excluent : le hasard et la loi. D'une part elle accepte comme cause première des phénomènes une convergence absolument gratuite de causes disparates ou l'exfoliation inexplicable d'un ensemble de substantifs ; d'autre part elle en attribue le développement à une rigoureuse nécessité. Mais Prâkriti se joue agréablement de cette naïveté comme de ce pédantisme. D'une part en effet, à supposer (ce qui est purement inacceptable) que le « hasard » puisse avoir une place quelconque dans la nature, s'il suffit à expliquer une rencontre momentanée de deux ou trois faits, il est exclu par le grand nombre et la répétition, sans parler de cette insistance et de cette continuité et de cette innombrable répartition d'analogies qui trahissent un dessein ; d'autre part la nécessité ne s'explique que par la fin et non par la cause, par le résultat à atteindre et non par le sujet qui sous la sollicitation d'agents divers est le point de départ d'un nombre illimité de tentations et de séries et n'a puissance en lui-même pas plus de l'une que de l'autre. Tout phénomène est le résultat non pas seulement de deux ou trois antécédents, mais d'une quantité innombrable de faits entremêlés, derrière ceux-ci artificiellement isolés, et de conditions générales si étendues et complexes qu'elles échappent à l'évaluation. Combien plus simple et plus raisonnable d'invoquer tout droit Prâkriti ou Erda, comme dans le langage de l'éloquence on fait appel à la France, à la République ou à la Légion Étrangère, abstractions si réelles qu'une quantité de gens n'hésiteraient pas à mourir pour elles. Nous échappons ainsi au ridicule de prétendre qu'il y a des phénomènes isolés, autre chose que d'imperceptibles unités sur le front d'une armée en marche, dont l'opération est comprise dans son ensemble par le général en chef, bien que le rapport actuel et constructif des divisions, des armes et des mouvements échappe à la perception du caporal et du soldat.

Et comme pour le caporal le meilleur moyen de se rendre compte des intentions

et des méthodes du général en chef est de
faire un retour sur lui-même et de tirer parti
des réflexions qu'a pu lui suggérer la
manœuvre de sa propre escouade, ainsi si
nous ne voulons pas nous laisser complètement rouler et engloutir par les énormes
gaietés, la volute de Prâkriti, qui là-bas
à l'horizon après s'être retirée recrute et
instruit ses contingents et prépare de nouvelles chevauchées, nous devons nous dire
que la création après tout, telle que nous
en avons suivi l'histoire, est une œuvre, que
toute œuvre obéit à une raison qui est sa
raison d'être, qu'elle a une logique intime,
qu'elle est soumise à certaines conditions
extérieures *données*, qu'elle prête l'oreille à
des lois qui ne sont pas ces lois de compé-
tence courte et subordonnée qu'on appelle
lois scientifiques ou administratives, mais
ces lois vraiment créatrices que tout artiste
porte au fond de lui-même, bien qu'il n'ait
ni le goût ni le talent de les formuler, et
qu'il appelle *lois de composition* : je veux
dire cette nécessité unanime d'expression
en vertu de quoi à un certain moment de
la durée toutes choses existent ensemble,

justiciables désormais de l'appréciation critique. Et puisque Dieu ne fait rien autrement que tout à la fois, et s'il n'y a rien
dans l'art et l'opération de la nature dont
ne soit solidaire notre propre effort de production individuelle, avec cette différence
que, nous seuls, nous possédons sur l'arrière
une lunette et un regard, la conscience et
l'intelligence de ce que nous faisons, nous
n'aurons qu'à étudier attentivement notre
partie pour nous rendre compte des effets
que recherche et de la technique qu'emploie
le Kapellmeister-impresario qui nous paye
notre cachet et qui nous a pour quelques
soirées agrégés à son personnel. Alors nous
comprendrons le véritable sens de ces mots :
hasard, nécessité, mouvement, développement, unité, diversité, auxquels la science
matérialiste a attaché des acceptions erro-
nées ou incohérentes.

Il est bien certain que ce qui est premier
dans l'œuvre d'un artiste, c'est la conception, je veux dire le germe (et ne perdons
pas une si belle occasion d'horrifier les pions
en pétrissant ensemble les vocables *me-mens-
semen*) mental, cette étincelle séminale qui

appelle, choisit, agrège et répartit autour
d'elle la matière qui lui est nécessaire. Dans
ce germe nous pouvons distinguer deux
choses : tout d'abord *l'idée*, c'est-à-dire cette
proposition au dehors encore informe et
confuse qui fait appel à nous comme quelque
chose à la fois d'existant et de futur, de
nécessaire et de suspendu, de divin mais de
dépendant de l'aliment que nous lui four-
nirons, un *mot* à déchiffrer, un *sens* qui
détermine et oriente toutes nos forces dans
une certaine direction et ordre, une inspiration. Secondement, le *désir*, non seulement
cette idée, mais de la faire exister, de lui
procurer acte, expression, développement,
corps, sang, chair, nerf, couleur, son, parole,
membre et feuille. Dans la période que l'on
peut appeler embryonnaire l'idée jouit d'un
champ autour d'elle illimité. Elle est pour
ainsi dire à la pêche, une sensibilité de tous
côtés tendue, un instrument de capture, un
soleil de rayons et de palpes, un état péri-
phérique de vigilance et d'attention, prêt à
goûter, à apprécier, à appréhender, à rejeter,
à utiliser tout ce que l'ambiance lui apporte,
une organisation pour profiter de la circon-

stance et de la rencontre. A ce stade l'œil
et l'oreille ne feraient que nous gêner, tout
en nous est cil, tentacule, enveloppe endo-
smotique, poche goûtante et respirante qui
est à la fois estomac et poumon, engin à vie.

A mesure que l'idée se précise, les exclu-
sions que comporte une forme qui se dessine,
les incompatibilités, qu'elle crée avec le
milieu intérieur qu'elle enclôt, deviennent
plus nombreuses. A mesure que l'objet, la
chose à être, s'impose davantage au sujet,
le courant de l'un à l'autre devient plus
énergique et plus sûr, la réalisation plus
composée et plus solide, de sorte qu'à la
fin apparaisse quelque chose qui dans sa
coordination infrangible et dans la solidarité
organique de ses parties puisse être consi-
déré comme l'œuvre même de la nécessité ;
la forme s'est fermée, le mouvement est
arrivé à son terme qui est le rythme. Cette
nécessité apparaît sous un double aspect :
d'une part il s'agissait de répondre à l'inspiration, au tirage, à l'appel irrésistible de
Dieu qui demande que quelque chose existe,
qu'une certaine image dont il a besoin lui
soit fournie, que toutes les possibilités d'une

certaine condition extérieure qu'il a créée
soient explorées, exploitées, élucidées jusque
dans le détail le plus ingénieux et le plus
exquis. L'être de génération en génération
répond à ce nom au vocatif par lequel le
Créateur l'a appelé à la vie et qui reste
déposé en lui comme un principe de repro-
duction. D'autre part, quand il s'agit des
animaux et des plantes, il y a une obligation en quelque sorte latérale, celle de fournir aux autres êtres sous forme d'aide, de
nourriture, de résection, d'agencement dramatique ou esthétique, le complément qui
leur est indispensable. L'être ne naît pas
seulement, il co-naît. C'est pourquoi la
Genèse nous dit que Dieu non seulement
*créa* les plantes et les animaux, mais qu'Il
les créa *suivant leur espèce.* Dès le principe
la distinction, qui est l'ébauche et la condition de la charité et de la communion, apparaît comme une nécessité intrinsèque à
l'existence. Prâkriti n'est pas une sorte de
déesse immanente qui pourvoit comme dans
un rêve à l'innombrable diversité des êtres
par une série indéfinie et de plus en plus
détaillée de bourgeonnements et de scissipa-

rités, par un .virage irrépressible, mais un artiste qui répond à la commande qui lui a été faite d'une pièce de circonstance par la construction d'un théâtre, par la mise en marche de toutes sortes d'ateliers et par la formation d'un pullulement d'acteurs, chacun dans sa petite capacité à sa place et à son moment.

Les transformistes, et ce n'est pas moi qui leur reprocherai leur humeur poétique, imaginent que l'embryon humain a ses différents stades de développement, reproduit quelque chose des formes successives à travers lesquelles son type a évolué. Pourquoi ne ferions-nous pas emploi de cette idée dans le règne moral ? Les pauvres gens à qui l'on a ôté toute idée directrice, tout principe de conduite transcendant, toute énergie autonome, et, au même niveau, lès dilettantes, les esthètes dans le genre de Marcel Proust, ces organisations impuissantes uniquement ordonnées à la sensation immédiate, entièrement immergées dans la circonstance, à quoi les comparer, sinon à ce qu'il y a de plus bas dans l'échelle animale, aux échinodermes et aux infusoires, a des pates absorbantes, aux vers qui ne sont que de simples tubes réactifs, à des bourses gélatineuses où la personnalité ne s'indique que par une espèce de poussée iridescente, à des organismes dont le facies sexuel se désagrège et qui rencontrent le mollusque en ascension sur le chemin de la dégénérescence. Mais il y a quelque chose de plus bas encore, c'est le bourgeois recourbé, cramponné, ancré sur lui-même, dans son avarice et son égoïsme, qui réintègre la spire calcaire de l'escargot primitif et à l'abri de cette coque imperméable jouit de son capital. A un degré supérieur nous voyons le monde des insectes, qui est l'exacte image de notre société industrielle. Là règne la détermination la plus étroite, l'appropriation la plus entière de l'ouvrier par l'œuvre. L'étoile thalassique s'est articulée, ses rayons de chaque côté sont devenus les pattes les plus agiles, une trousse d'instruments délicats et précis lui a été confiée avec un recueil d'instructions impératives. Qui n'y verrait la figure de ce fourmillement humain qui déborde des ateliers et grouille dans toutes les rainures et anfractuosités de nos grandes villes, l'*homo technicus*, cher à l'Amérique et aux Soviets et dont la tête n'est plus qu'un manche à outils ?

Attachons nos yeux maintenant sur cette nature en ébullition, à cette époque où la cloche solennelle du Sabbat n'avait pas encore sonné, et où Dieu, comme nous dit le poète Leconte de Lisle, ajustant de ce côté un sévère monocle, *haletait dans sa création*. De la mer, fumante comme une soupière et fatiguée comme une salade par des souffles chaleureux, s'élèvent, comme des tourbillons organiques et comme d'informes blocs de mouvements consolidés, les grandes imaginations du Trias à l'assaut de ces émersions inconsistantes où les bancs végétaux pareils à des moisissures se mêlent à la vapeur et à la pluie, comme sous leurs racines la boue molle au mucus marin ; l'Océan délègue ses machines rampantes. C'est le grand règne du Serpent qui a précédé celui de l'homme, la surface visqueuse d'où le Poète du Livre de Job a vu émerger les anneaux de Leviathan et l'échine de Béhémoth. Faut-il croire que de cette grande catastrophe dans le Ciel qui a constitué le

Premier Soir quand l'Étoile du Matin eut été précipitée, l'onde et l'écho soient parvenus jusqu'à l'oreille liquide de Prâkriti et qu'elle y ait puisé quelque chose de ses inspirations ? Voici de tous côtés l'Abîme qui s'est peuplé de dragons, il y a de quoi alimenter largement les exploits de saint Michel et de saint Georges ! A quoi comparerai-je ces systèmes monstrueux, ces allongements construits pour adhérer étroitement à la boue, pour posséder la matière, et ultérieurement pour y trouver un point d'appui ? Jusqu'au moment où le redressement, la posture oblique, la marche enfin, deviennent possibles, et la navigation comme jadis au sein des vagues, maintenant au travers de l'éponge végétale. Ne sont-ils pas l'image des Sociétés humaines et de ces Empires démesurés que Daniel et Jean précisément nous dépeignent sous forme d'animaux ? Ébauches, tortillements, assemblages hasardeux et provisoires de membres hétéroclites, hydres d'où toutes sortes de têtes essayent de dégager le corps. Ce sont les mythologies antiques auxquelles nos théories modernes ont fait suite, ces serpents à pattes, ces

Tours de Babel ambulantes, ces prétentieux scolopendres surpris et embarrassés de leur propre énormité, ces rubans de vertèbres, ces tortues pareilles à des punaises cuirassées, à des caissons flottants, ces lézards hauts comme des arbres dont le muffle diabolique est souffleté par l'aile gluante des onocrotales. Tout est à la fois disparate et exagération, un mélange de souvenirs et de prophéties, la matière pure qui essaye de montrer ce dont elle est capable et qui monte ces inspirations d'épopée et de blasphème, le premier beuglement autonome qui retentit dans l'atelier cosmique. Voici ces joujoux drôlatiques que la Sagesse éternelle a laissé faire pour s'en amuser. *Draco iste quem formâsti ad illudendum ei* (Ps. 103-26).

C'est à ce moment que le Créateur impose au globe un double diadème de glace, le balancement des saisons s'établit, la flore et la faune moderne sont introduites ou retouchées, la voix des oiseaux se fait entendre, tout est refait à l'usage, à l'échelle et à l'analogie de l'homme. C'est l'aurore de l'Histoire, le printemps sur le Paradis. *Les fleurs ont apparu sur notre terre, le temps de la taille est arrivé, la voix de la tourterelle est entendue, lève-toi, amie de mon cœur et viens* (1) *!* C'est le redressement suprême, l'homme qui se sépare enfin de la terre, qui prend définitivement sa stature d'enfant de Dieu et sa place dans le Paradis des délices.

C'est dans ce paradis, endommagé par la Faute, que nous n'avons pas cessé de nous promener, le marteau du géologue à la ceinture, la boîte verte en bandoulière, le filet à la main et des épingles dans le chapeau comme un personnage de Topffer, donnant de la tête de temps en temps contre quelque porte dissimulée que garde un ange invisible. Depuis le temps que nous sommes les invités de Prâkriti et que nous partageons son sabbat, nous avons eu le temps de l'étudier et

---

(1) — *Lève-toi, hâte-toi, ma chérie, mon unique beauté, l'hiver est passé, la pluie est finie, elle s'est éloignée... Ma colombe dans les trous de la pierre, dans les cavernes de la muraille...* Est-ce que cela ne nous fait pas précisément songer à l'âge des cavernes ? (Ps. 73).

14. — *Tu confregisti capita Draconis : dedisti eum escam populis Aethiopum.*

15. — *Tu dirupisti fontes et torrentes ; tu siccâsti fluvios Etham.*

16. — *Tu fabricatus es auroram et solem.*

17. — *Tu fecisti omnes terminos terrae : aestatem et ver tu plasmâti ea.*

de comprendre ses manières de faire. Profitons de ce moment où elle fait semblant de dormir pour récoller nos notes. Que de contradictions à la fois et que d'obstination dans les idées ! quelle routine et quelle fantaisie ! quelle naïveté et quelle rouerie ! quel instinct conservateur et quelle fureur révolutionnaire ! quelle sournoiserie et quels tintamarres ! quelle patience et quels réveils ! Après des siècles et des millénaires où elle a mis sur pied toute une serre et toute une ménagerie, tout à coup on dirait qu'elle s'en dégoûte, elle a mal au cœur, elle balaye le plateau d'un revers de bras et elle recommence, sur de nouveaux frais. Elle flanque au dépotoir des ordres entiers avec leurs genres, leurs sous-genres et leurs espèces, et ne garde qu'un pou et un criquet. Et en même temps elle met soigneusement en réserve certains principes au fond d'elle-même qu'elle ne lâche jamais, la symétrie par exemple, certaines idées dont elle n'a jamais fini de tirer des développements, ainsi l'étoile qu'on retrouve partout depuis la cellule primitive jusqu'à ces mains savantes et ouvrières que l'homme au bout de ses bras porte sur toute la Création et qu'il élève vers Dieu. On peut se fier à elle pour exploiter jusqu'au plus infime détail toutes les possibilités d'une situation et d'une forme données. Quand par exemple le thème de la palme, ou celui de la fougère, ou celui du champignon est mis au concours, elle soumet des variations par dizaine de mille. Elle se donne un mal énorme pour peindre sur la poitrine de ses oiseaux ou de ses poissons les armoiries qui leur appartiennent. Il y a tout un côté décoratif et sartorial dans la nature, une technique d'habilleuse, dont la science matérialiste n'a pas jugé à propos jusqu'ici de tenir compte (pas plus que de bien d'autres choses). Elle cache des « surprises », des devinettes au fond de certaines de ses créations, comme le pâtissier met un bébé nageur dans la galette des Rois. Et d'autres fois, elle s'ennuie, elle fait la bête, elle s'obstine, elle se livre à tous les abus de la production industrielle, elle multiplie aux dépens de types superbes les articles les plus communs, on dirait qu'elle ne peut plus s'arrêter. Ou bien elle a reçu visiblement une commande et elle s'est arrêtée au milieu de l'exécution, on dirait qu'elle a trouvé cela trop difficile ou qu'elle s'est mise tout à coup à penser à autre chose. Elle rêve, elle bâille, elle dit oui, elle dit non, elle entend de travers, elle se livre à des calembours de sourde, à moins que ce ne soit de simples farces. Par exemple on lui dit : *Cheval*, et elle fabrique aussitôt cette ridicule petite pièce de jeu d'échecs qu'on appelle un hippocampe, qu'elle lâche dans son aquarium. Elle dépose un dragon dans un pot de chambre. Ou bien alors elle est saisie d'un enthousiasme déplacé : on lui avait dit *Lézard*, et elle fait un ichthyosaure ; on lui avait dit : *Queue-de-cheval* et elle introduit avec orgueil des *equisetums* aussi grands que des sapins et totalement inutilisables. Nous n'en finirons jamais de visiter les resserres, le rayon des laissés-pour-compte et des rossignols, des pièces manquées, des expériences et des écoles. Les conservateurs de muséums fouillent là-dedans avec attendrissement, comme un couturier parmi les robes de sa grand'mère. Mais ce qu'il y a de plus profond dans la nature, c'est l'humour, l'espièglerie, on dirait que Prâkriti

sait bien que son Créateur ne l'a faite que
pour s'amuser avec elle, bien qu'elle fasse
semblant de ne pas s'en apercevoir. Elle ne
tient pas mal sa partie, elle est de conni-
vence. Et quand on la gronde elle ferme les
yeux, et avec un sourire enchanteur, d'une
rose aussi pure que le souffle d'une jeune
fille elle exhale un papillon.

Nous arrivons maintenant à la sixième
vignette de notre petit livre, sous laquelle
nous voyons écrit : *Création de l'homme*, à
cette conclusion des Six jours ouvriers qui
prépare l'installation du Sabbat, quand
Dieu s'étant retiré de son œuvre et ayant
pris, si l'on peut dire, assez de champ pour
déclarer qu'elle était *bonne* et *très bonne*,
c'est-à-dire parvenue à son stade parfait et
définitif, livre toute la propriété à son
vicaire, afin que maintenant il la travaille
et en fasse monter vers Lui le sens, le sacrifice et l'esprit. Faut-il croire que pour se
procurer l'homme, le Seigneur Dieu ait
employé une technique complètement différente de celle que nous voyons indiquée
dans les versets de la Genèse par nous cités
plus haut ? Le Deutéronome (4.39) nous

dit que *le Seigneur est Dieu dans le Ciel au-dessus et dans la terre au-dessous*. C'est donc Lui-même au-dessus qui invite la terre et l'eau, qui leur fournit une idée de ce qu'Il leur demande, de ce qu'Il entend obtenir d'elles, et c'est Lui également au-dessous, occulte, qui leur fournit la force et la matière à employer, de même qu'Il les a guidées dans la construction de leurs instruments. Mais entre les deux nous voyons que nos textes suggèrent une certaine spontanéité autonome, une certaine capacité germinative et formative, une réponse sans quoi il n'y aurait eu personne à qui s'adresse le Commandement cosmique. Le visage du Créateur, la bouche du Verbe, suscitent des êtres et non pas des fantômes d'êtres inertes qui seraient des arrangements automatiques Faut-il croire que pour l'homme il en a été différemment et que Dieu ait introduit dans sa Création un être tout neuf et hétérogène qui ni pour la forme ni pour la matière ne doive rien à cette ambiance à laquelle pourtant il est parfaitement adapté ? A cette idée s'opposent des objections de plusieurs genres. L'homme est le sommet de la Création, il est le lien que le Créateur s'est réservé avec elle, il faut donc que lui-même ait avec elle un rapport essentiel et vital, qu'il ne soit pas pour elle un étranger, un hôte, mais un fils authentique, issu du plus profond de ses entrailles, que, comme il a le droit de dire à Dieu *Mon Père !* il ait aussi celui de dire à la pourriture et aux vers : *Vous êtes ma mère et mes sœurs* (Job, 17.14). De là vient qu'il n'y a rien dans toute la Création à quoi l'homme ne soit redevable, à qui il n'ait emprunté un atome de sa substance, un globule de son sang, un battement de son cœur (1). D'autre part, la nature a de son fonds produit des animaux qui présentent une parenté de forme incontestable avec l'homme, des accroupis qui semblent n'attendre qu'un mot pour se lever, des muffles dont un simple coup de pouce ferait un visage, des mains évidemment établies pour une vue plus éloignée que ces branches où elles s'accrochent. Faut-il croire que Dieu pour Son œuvre personnelle Se soit inspiré de la nature, qu'Il S'en soit fait l'imitateur, et non pas plutôt qu'Il ait encouragé ses

(1) *De terrâ terrenus* (I. Cor., 15-47).

efforts par l'infusion d'une inspiration arcane jusqu'au moment solennel où un modèle présentable ait été soumis à Son aveu ? — Enfin une troisième objection procède de l'attentif examen des textes. A quatre reprises la Genèse nous parle du *départ* créateur, de l'initiative reprise par Dieu dans la poursuite de Son œuvre : *Que la terre germe l'herbe verte et faisant semence !* *— Que les eaux produisent le reptile et le volatile d'âme vivante ! Et Dieu créa les grands monstres et toute âme vivante et mobile. — Que la terre produise âme vivante dans son genre, les animaux domestiques et les reptiles* (1) *et les bêtes de la terre ! Et Dieu fit les bêtes suivant leurs espèces. — Et Dieu dit : Faisons l'Homme à l'image et similitude Nôtre et qu'il commande aux poissons de la mer, aux volatiles du ciel, aux bêtes et à toute la terre et à tout reptile qui se meut sur la terre. Et Dieu créa l'Homme à Son image : à l'image de Dieu Il le créa* (2) : *mâle et femelle Il les créa.* (Gen. Ch. I, passim). *Le Seigneur Dieu forma donc l'Homme du limon*

(1) A remarquer cette double catégorie des reptiles.
(2) Remarquer cette répétition.

*de la terre et il s'inspira dans sa face* (Heb.
*narines*) un spiracle de vie et fut fait
l'Homme en *âme vivante.* (Gen. 2. 7).

Ces textes nous donnent une notion précise de ce que signifie le terme *Créer,* c'est-
à-dire faire de rien. Dans la création Dieu
fournit tout, l'idée première, l'image, le
modèle à réaliser. Et de même Il fournit
au-dessous la matière. Il est le constructeur
de toutes les parties de l'engin vital par
lequel la production devient instrumenta-
lement possible ; Il l'allume, Il en amorce
le mouvement. Enfin Sa Providence a
pourvu à l'ensemble des circonstances
extérieures dont l'accord permet l'apparition
du nouvel individu qui leur est introduit.
Dans ce brin d'herbe, dans cet insecte, dans
ce quadrupède, l'analyse nous révèle qu'il
n'y a rien qui ne vienne de Lui et qui ne
soit dirigé vers l'accomplissement de Sa
parole. Il a tout fait. Il a tout créé. Mais
Il a tout fait dans l'ordre et dans la charité,
Se servant de ce qui était avant pour
amener ce qui est après, utilisant à mesure
les moyens qu'Il s'est procurés, et parmi eux
cette spontanéité, cette aptitude inventive,

productrice et reproductrice de la nature, la réponse de cette cavité qu'Il a gonflée de Son souffle. Le texte nous dit que la terre, que les eaux, ont produit *une âme vivante*, c'est-à-dire qu'elles ont fourni à l'idée appréhendée dans sa formule éternelle et métaphysique le moyen de se réaliser concrètement et individuellement dans le temps, qu'elles lui ont fourni une matière et une organisation appropriées.

Faut-il croire que pour l'homme seul il en ait été autrement et que Dieu ait passé directement pour réaliser Son dessein de cette boulette de boue configurée par ses soins, (mais comment peut-on admettre que de toute façon ce bloc de matière inerte puisse avoir jamais une ressemblance quelconque avec l'Etre divin ?) à l'Homme qu'Il a destiné pour être au-dessus de toutes les Créatures Sa représentation agissante et visible ? comment admettre qu'Il ait insufflé *dans sa Face, dans ses narines*, Son Esprit, si d'abord il n'y avait eu là une vraie face, de vraies narines, c'est-à-dire non pas une indication extérieure et adventice, une espèce de calembour plastique, mais quelque chose de nécessairement rattaché à un principe essentiel et organique ?

En réalité la Genèse nous montre la création de l'homme sous deux aspects. Au chapitre Premier il s'agit d'une création en quelque sorte métaphysique. Nous sommes introduits dans le conseil de la Sainte Trinité. *Faisons* quelqu'un *à Notre image et similitude,* c'est-à-dire qu'il soit à la fois triple et un, comme saint Augustin nous l'a expliqué, un seul être mais en qui soient harmonieusement distingués le mâle et la femelle. Au chapitre Second le texte sacré nous montre la réalisation de ce dessein. Elle comporte deux temps. Dans le premier Dieu suscite une forme, dans le second Il intervient, Il insuffle à cette forme un esprit, un *spiracle de vie,* une âme, un principe intelligent et autonome. Mais pourquoi serions-nous obligés de prendre *la terre* au sens littéral et de nous représenter l'Éternel s'abaissant à ce travail de potier ? Évidemment l'homme vient de la terre, comme il retournera à la terre, mais il en vient par l'effort et la contribution de toute la Création coalisée. C'est à la terre, cet ensemble

de plasticité au travail, (car la matière ne
se soustrait au néant que par le mouvement
vers une forme), que Dieu pour couronne-
ment de son activité et de ses immenses
études, demande un projet plausible, quelque
chose qui soit capable de servir de support
à Sa ressemblance, une ébauche, un croquis
dont il soit possible de tirer un dessin.
Est-il impossible d'imaginer la Nature à la
fin de la Sixième Journée présentant à son
Créateur une série de propositions et de
maquettes ? est-il téméraire de la concevoir,
quelle que soit l'hésitation avec laquelle je
m'abandonne à cette idée, produisant au-
dessus du singe le plus réussi, une espèce
de primate supérieur, capable peut-être
d'user du feu et même de manier des instruments grossiers, comme le gorille aujour-
d'hui se sert d'une branche d'arbre ? qui a
vécu familièrement avec certains animaux
ne peut leur refuser une espèce d'âme et de
personnalité, en dehors de ce qui est nécessaire à leur devoir général de chien et de
chat. Après tout ni le feu ni l'usage des
pierres n'impliquent absolument la présence
de la conscience lucide et des idées géné-

rales. Les insectes sous nos yeux réalisent des exploits mécaniques bien autrement surprenants, telles les fourmis qui cousent des feuilles et qui cultivent des jardins. Saint Thomas nous dit que dans la forme embryonnaire de l'homme, l'âme végétative, puis l'âme sensible et animale, ont précédé l'âme intelligible. Si Dieu a daigné avoir compassion de l'une de ces misérables tentatives, Il aura pu vraiment lui dire ainsi qu'à l'orpheline d'Ezéchiel (XVI) : *Ta racine et ta génération vient de la terre de Chanaan : ton père était Amorrhéen et ta mère Céthéenne.* Faut-il croire qu'Il ait daigné la prendre par la main, la redresser, lui insuffler dans les narines un esprit de vie et d'intelligence et en faire ce fils dont il est écrit : *Voici Adam qui est devenu comme l'un de nous.* (Gen. III, 22) ? »

Là-dessus le Maître, ayant cessé de parler, se tut, et les disciples s'étant regardés les uns les autres, chacun d'eux s'apercevant dans les yeux de son voisin qu'il n'avait rien à dire, il ne dit rien.

## NOTE SUR L'ÉVOLUTION

Je trouve dans un livre récent, *The causes of Evolution*, du Professeur J. B. S. Haldane, lui-même évolutionniste convaincu, les passages suivants :

Les Ammonites, après avoir mis quelques centaines de millions d'années à atteindre une forme pas très élevée, se prirent tout à coup pour un nouveau laps de 100 millions d'années à présenter des caractères nouveaux, puis, malgré diverses tentatives de renaissances s'éteignirent. Les Graptolites, les Foraminifères et d'autres groupes montrent des cas analogues d'insénescence. Il y a également des cas comme celui des Grypheea ou des Titanothères qu'aucune théorie de l'évolution, quelle qu'elle soit, ne suffit à expliquer. Il faudrait trouver une explication pour l'évolution en dehors de la continuité ; c'est surtout parmi les plantes que le phénomène des apparitions abruptes est le plus évident. D'autre part nous avons le cas du genre *Cepea*, dont la population bien que nombreuse et polymorphique n'a montré aucune altération apparente pendant 250.000 ans. Pendant plus de 400.000 années les mollusques des espèces *Lingula* et *Patella* n'ont montré aucune variation... La plupart des mouvements évolutifs sont des dégénérescences. Les cas de progrès sont exceptionnels. Des caractères apparaissent soudain qui ne répondent à rien dans les séries ataviques. L'évolution ne montre nullement qu'il y ait une tendance générale des espèces vers le progrès... Les mutations ne sont en général que des dégénérescences... Tout ce que des changements lents pourraient faire serait d'accumuler des caractères neutres sans valeur pour la survivance... Il n'y a que des mutations importantes et soudaines qui peuvent fournir le matériel sur lequel la sélection s'exerce.

Un critique remarque à ce sujet :

On est bien obligé de constater qu'une *évolution* qui procède d'une manière si incertaine, tantôt du côté d'une plus grande complexité, tantôt en régression vers les formes primitives et l'extinction, est une chose bien différente de cette évolution que

Darwin a popularisée par sa théorie de la sélection naturelle. Direction, constance, ordre, universalité, tout cela lui fait défaut. Le seul nom qui lui convienne est changement. L'idée d'évolution a la valeur d'une hypothèse, quand celle-ci n'est pas soutenue par les faits : c'est ainsi qu'on a cru longtemps que la terre était plate.

# RICHARD WAGNER
## Rêverie d'un poète français

En auto par un soir
d'automne sur une route
du Japon.

*A droite.* — Mon cher Jules, je vous
demande pardon de vous tirer de votre
somnolence, mais j'ai énormément de choses
à vous dire.

*A gauche.* — Je suis tout oreilles.

*A droite.* — Vous souvenez-vous de cette
conversation que nous eûmes à Lausanne
en 1915 avec Stravinsky ?

*A gauche.* — A propos de Wagner, je
suppose...

*A droite.* — Le reproche que Stravinsky
adressait à la musique de Wagner...

*A gauche.* — C'est une pâte, — disait-il.
— Je m'en souviens.

*A droite.* — ...Il n'y a jamais un son pur.
Tout est amalgamé. Jamais n'est donnée à
l'oreille la fête d'un timbre limpide. Or

n'entend jamais une flûte, ou un alto, ou la voix humaine, mais un mélange de tout cela.

*A gauche.* — D'abord n'y aurait-il pas deux musiques, l'une active et l'autre passive, l'une qui est voix et l'autre qui est oreille, une musique qui écoute ?

*A droite.* — Nous discuterons cela tout à l'heure. Je vous en prie, ne lancez pas sous mes pieds cette pomme d'Atalante !

*A gauche.* — Ce reproche du Russe, je l'ai retrouvé plus tard sous la plume de Debussy. Il prétend que souvent chez Wagner il est impossible de distinguer le violoncelle de la clarinette.

*A droite.* — Si vous voulez mon sentiment, c'est la même chose que si on blâmait un homme d'avoir une voix de basse au lieu d'une voix de ténor.

*A gauche.* — Toutefois l'énervement de Debussy est explicable. Un artiste a son goût à lui, il a besoin, il attend certains sons, certaines idées, certaines couleurs, et il en veut au confrère qui ne lui en fournit pas.

*A droite.* — C'est drôle, pourquoi est-ce

que je pense à Wagner ce soir ? D'où me
vient le sombre écho de cette musique qui
jadis m'empoisonnait le cœur, du fond d'un
passé là-bas plus lointain que la mer et que
l'Asie ? Est-ce le vent dans ces grands arbres
dépouillés ? Est-ce ce couchant dramatique
qui là-bas ensanglante l'horizon ?

*A gauche.* — Si chaque homme a un son
de voix particulier, c'est qu'il l'accorde sur
un certain diapason intérieur.

*A droite.* — Que voulez-vous dire ?

*A gauche.* — Tout peintre a une certaine
couleur préférée ou plutôt fondamentale, un
certain rapport, par exemple, chez Delacroix,
le cri du rouge contre le vert, et ce bleu-
jaune chez Véronèse. De même chez le
musicien il y a un certain timbre vital à
quoi tout le reste vient s'accorder.

*A droite.* — Alors pour Wagner il n'y a
pas de doute, ce timbre vital, cette *Ur-
mélodie*, cet instrument essentiel que tous
les autres viennent enrichir et amplifier,
c'est *le Cor*.

*A gauche.* — Vous rappelez-vous quand
nous étions enfants à Bar-le-Duc, le soir
près du canal, comme nous l'écoutions

derrière les sapins, là-bas au fond de la forêt ?

*A droite.* — Précisément le Cor a pour caractère de ne pas donner un son pur. Son rauque appel, ou, comme dit Baudelaire ses *fanfares étranges*, sont toutes chargées d'harmoniques.

*A gauche.* — Le Cor est l'instrument romantique par excellence. Arnim, Weber, de Vigny. Et le seul intérêt de la pièce en France qui inaugure le théâtre romantique est le Cor qu'on entend à la fin et qui détermine la résorption des personnages.

*A droite.* — Vous oubliez cette phrase poignante de la Huitième Symphonie (qui d'ailleurs est tout entière dominée par le Cor soutenu des sombres colorations de la contrebasse), ce rauque sanglot, le passé avec nous, ce qui est à la fois et ce qui n'est plus, ce qui n'a jamais été ! un signal du côté de là-bas avec un accent de douleur et d'interrogation !

*A gauche.* — La Huitième Symphonie, ne disiez-vous, est le Défi à la Vieillesse.

*A droite.* — Oui, il y a cela, c'est cela et autre chose.

*A gauche.* — Ainsi le Cor serait l'instrument du Passé ?

*A droite.* — Plus que le passé, l'irréparable ! le coucou dans la forêt, ces choses que nous avons perdues et que nous ne reverrons plus jamais, les choses que nous avons manquées sans le savoir, cette étrange voix qui dit notre nom en vain, le paradis de tristesse, l'amour aux prises avec le temps, le château dans la montagne, ces délices derrière nous dont nous sommes séparés par une distance infranchissable ! cette étreinte mortelle.

*A gauche.* — Déjà dans Beethoven...

*A droite.* — Beethoven n'est pas la nostalgie, mais la possession de ce paradis de l'absence, l'étude du bonheur, la possession de la béatitude, l'Éternité qui fait passer le temps entre ses doigts, — de la béatitude, oui, mais avec le mot *Jamais* qui ne cesse pas d'être sous-entendu. Et que c'est un rêve, et que, malgré les prières qui nous pressent et ces preuves qu'une touche exquise nous fournit, l'indication déchirante que nous ne resterons pas ici et que nous ne sommes ici que par un transfert incompréhensible, et qu'entre cette éternité latérale et la vie il y a un abîme dont la limite est tracée par celle du son !

*A gauche.* — Il est vrai, tout l'art du xixᵉ siècle chez les meilleurs et les plus grands, c'est le paradis perdu. Pendant que l'action vulgaire et vaine se déchaîne, on dirait qu'ils sont paralysés et qu'ils écoutent.

*A droite.* — Et je n'ai rien dit du désespoir de Chopin, Orphée désespérément essayant d'arracher Eurydice à l'enlacement sonore !

*A gauche.* — Cette passion de l'époque pour l'histoire est également un signe. On dirait qu'il y a un trésor perdu, voyez ces gens fouillant les archives, déchiffrant les grimoires, remuant la terre, comme les héritiers à la recherche d'un testament.

*A droite.* — Toute l'œuvre positive du xixᵉ siècle a été pour les artistes comme si elle n'était pas. Examinez combien peu ont été intéressés par le présent, sympathiques à ce qui changeait et se transformait sous leurs yeux, à ce qu'apportait avec lui de nouveau par exemple le chemin de fer. Cela, il n'y a eu que les économistes et les socialistes pour essayer de le dire tant bien que

mal dans leur patois, et personne n'a compris (sauf Whitman) ces frères sur toute la
planète qu'on mettait à notre disposition.
L'œuvre de Balzac n'est qu'une espèce
d'énorme *Goetterdaemmerung*, la Grandeur
et la Décadence du Passé, toutes les manières
dont une société s'y prend pour finir et le
futur n'est représenté que par son appari-
teur en deuil, l'homme de loi. L'œuvre de
Flaubert est partagée entre la fascination
du passé et une vision haineuse du présent,
aussi basse qu'elle est sotte. Toute l'occu-
pation des réalistes, transposant dans la
littérature la méchanceté des commères de
village, est une minutieuse calomnie de leur
époque. Un Loti se lamente comme un
petit enfant devant les choses mortes qu'il
ne peut empêcher de s'écrouler. Et les réac-
tionnaires ne manquent pas qui essayent de
nous faire croire que les cadavres, s'ils ne
peuvent vivre, peuvent très bien remuer et
que l'on peut en faire d'excellents automates.

*A gauche.* — Ce besoin de passé, ce sentiment du trésor qu'il renfermait, était si
grand et si général qu'il a permis les énormes
entreprises populaires et industrielles à la

manière d'Alexandre Dumas. Chez Michelet il se mêle curieusement à la fièvre révolutionnaire.

*A droite.* — C'est cela que Wagner a voulu absolument posséder. Le son ne lui suffisait pas comme à Beethoven. C'est au Palais des songes qu'il voulait se faire admettre, comme un page de Gustave Doré. Celui qui entend chaque nuit une voix de femme qui se lamente, est-ce qu'il ne se mettra pas en route ? Tel Wagner. Il lui fallait les personnages mêmes, il lui fallait un regard enfin sur ce drame poignant, *Dahin ! dahin !* On ne peut pas vivre ailleurs. Cette voix qui l'appelait il lui fallait absolument la rejoindre, sans qu'elle perdît son accent d'irréparable et d'inaccessible, une source inépuisable de délices et de désespoir ! Ce qu'il ne pouvait atteindre à travers la forêt, il pouvait le coloniser par l'imagination. Il fallait conquérir le Cor enchanté !

*A gauche.* — En un mot il fallait qu'il fût non seulement musicien mais poète, dramaturge, maître de scène, et que l'enchantement de toutes parts réussît autour de l'enchanteur.

*A droite.* — Il fallait autour de lui un lieu ,ensible et non plus seulement sonore, un passage tout éveillé du monde de la réalité à celui du rêve, et par conséquent un drame, une espèce de rédemption par le son. Il fallait par conséquent qu'il allât chercher ses sujets dans un passé reculé et au-delà du passé dans la légende. Une interposition de montagnes et de forêts étant indispensable, il fallait l'Allemagne. Le *heimweh* allemand.

*A gauche.* — De là aussi cette complexité, ce caractère d'amalgame, non seulement du son wagnérien qui est essentiellement un accord altéré — de quoi se fâche si injustement Stravinsky, — non seulement du timbre mais de tout l'ouvrage wagnérien. De même que le son doit être tel qu'il ne laisse libre aucune de nos fibres auditives, mais qu'il faut que toutes à la fois soient nourries et paralysées, il faut aussi que nos puissances d'attention et d'imagination soient requises et absorbées par la musique et non plus l'oreille seulement, et compo-sées dans le sommeil de l'extase, il faut que toutes les issues soient bouchées et que nous mijotions dans la marmite à prestiges.

*A droite.* — De même le *leitmotiv* qui fait que cet acteur sur la scène n'est plus que le fantôme disjoint de cet aveugle personnage là-bas éternel et ineffable (nous savons à la fois comme dans les rêves qu'il existe et n'existe pas), cette blessure que nous fait une voix connue. De même ces thèmes de tous côtés sans fin qui se répètent et se répondent comme les fanfares entrecroisées de notre recherche forestière.

*A gauche.* — Derechef ce goût pour les récitatifs, le personnage s'arrêtant à chaque instant, pour prêcher les origines et pour raconter le passé. L'histoire qui se développe étant continuellement une annexion du présent par le passé.

*A droite.* — N'y aurait-il pas une exception pour les *Maîtres Chanteurs* ?

*A gauche.* — Vous avez vraiment entendu les *Maîtres Chanteurs* ?

*A droite.* — Après tout, là aussi, il y a aussi cette simultanéité du passé avec le présent comme d'un *do* avec un *mi* altéré.

*A gauche.* — Ne soyez pas hypocrite ! Pas plus que moi vous n'avez entendu les *Maîtres Chanteurs*. L'ennui nous asphyxiait, c'est presque aussi assommant que *Les Huguenots* ! Les confabulations du cordonnier avec Evchen ont failli me faire mourir. Nous pleurions de sommeil. Et quand est arrivée la Kermesse avec les bourgeois en justaucorps groseille et les femmes enceintes en jupes orange...

*A droite*. — Je ne sais pourquoi il y a toujours des femmes enceintes dans les figurations wagnériennes.

*A gauche*. — ... Et le petit jeune homme qu'on juche sur un bouchon de laine verte comme un canari mécanique pour y aller de sa cavatine, nous nous sommes enfuis !

*A droite*. — Les musiciens admirent beaucoup les *Maîtres Chanteurs*.

*A gauche*. — Laissons les musiciens et filons en Suisse.

*A droite*. — Comme c'était joli, cette villa Wesedonk à Zurich ! Vous rappelez-vous cette matinée de neige ?

*A gauche*. — Il est impossible de bien comprendre Wagner si on n'a pas vu la Villa Wesedonk. La *Tetralogie*, Tristan, et cette villa en style pompéïen francfortois sont unis par des liens inexplicables et nécessaires. J'ai lu dans un roman anglais qu'une jeune fille, après la mort de sa mère, ouvrant une armoire à glace et respirant le faible parfum qui s'en exhalait, en apprit beaucoup plus en une seconde sur l'âme de la défunte qu'elle ne l'avait fait en quinze ans de vie commune. C'est bien ça. Il est impossible de comprendre Wotan et les Walküres si on ne songe pas à ces grosses femmes aux « corsages opulents » (style de l'époque) et à ces puissants industriels à barbe blonde buvant du café au lait dans un jardin d'hiver.

*A droite.* — Je vois bien que je ne pourrai pas vous empêcher de me parler de votre déconfiture à l'audition de *Tristan !*

*A gauche.* — Pas du tout ! C'est *Tann-haüser* à quoi je pensais.

*A droite.* — Allez-y ! J'aime autant en finir tout de suite.

*A gauche.* — Toute la question de *Tristan,* c'est celle du chapeau haut-de-forme quand on va faire une visite officielle. Faut-il le garder ? Faut-il le laisser au vestibule ?

*A droite.* — Je ne comprends pas.

*A gauche.* — Le chapeau dans l'espèce,

c'est la bonne femme, Isolde quoi ! Un peu
d'imagination ! Je suis Tristan et c'est ma
grande scène du Deux. Vous y êtes ? Très
bien, que dois-je faire de la bonne femme ?
dois-je la serrer continuellement contre mon
cœur ? Mais alors comme c'est fatigant et
incommode pour chanter ! Dois-je la laisser
tranquille et ne m'occuper que de la partition ? Mais alors cela me fait mal au cœur
de la sentir à côté de moi inoccupée et ne
sachant que faire de sa personne ! Si encore
elle avait un éventail ! C'est comme la dame
qui doit chanter *la Marseillaise* le jour du
14 juillet et qui commet l'imprudence
d'apporter un drapeau avec elle. Il n'y a
que deux choses à faire avec un drapeau :
ou le tenir à bout de bras ou le serrer sur
sa poitrine. On se lasse tout de suite de l'un
et de l'autre effet.

*A droite.* — Attendez voir un peu vous-
même que vous ayez à faire exécuter un
duo d'amour. Vous verrez comment vos
interprètes s'en tireront.

*A gauche.* — Pensez-vous que je n'aime
pas *Tristan* ? L'acte I et l'acte II quand je
les ai entendus jadis au Château d'eau avec

Van Dyck, pardonnez-moi, c'est un souvenir comme la Première Communion. Et plus tard à la Bibliothèque Nationale quand je feuilletais cette partition toute sabrée des annotations furieuses de Berlioz, quel respect, quelle émotion, à parcourir ces grandes pages pareilles à des portiques de cathédrales avec les violons en haut et les *posaunen*, ou cet instrument mystérieux dont le nom me faisait battre le cœur, le *tuba*, en dessous.

*A droite.* — Berlioz, quelle injustice !

*A gauche.* — Le *tuba*, pour moi, c'est le roi Mark.

*A droite.* — *Les Troyens* sont un chef-d'œuvre, le chef-d'œuvre de l'art français, tout baigné d'une lumière élyséenne et béatifique ! La postérité légitime de Gluck et de *Fidelio* ! Et on ne les joue jamais ! Quelle honte pour la France ! Si vous n'étiez pas si bavard, j'aurais beaucoup de choses à vous dire sur Berlioz et sur la forme de composition qui lui était essentielle, le découpage d'un sujet en compartiments, en *numéros*, une formule tout à fait intéressante. En revanche le public ne se lasse pas d'immondices sans nom comme... je m'entends !

*A gauche.* — C'est bien triste, mais vous ne m'empêcherez pas de dire que le *tuba*, c'est le roi Mark.

*A droite.* — Le roi Mark, c'est-i lui ou un autre souverain qui avait mis sa culotte à l'envers ?

*A gauche.* — Quel dommage de ne pas avoir fini *Tristan* sur les lamentations sentencieuses de ce brave homme qui va chercher ses reproches au-dessous des couches des basses et des contrebasses, là où l'Impératif Catégorique voisine avec les sables pétrolifères ! Après cela il n'y a rien à faire, le charme est rompu, les solos de clarinettes n'y changeront rien.

*A droite.* — J'avoue qu'après deux actes de braiements amoureux, on aimerait autant autre chose.

*A gauche.* — Je ne sais pas si vous êtes comme moi, mais il n'y a rien que je trouve plus froid que les amours des autres. Les écrivains se font beaucoup d'illusions sur l'intérêt de leurs petites confidences.

*A droite.* — Il est vrai.

*A gauche.* — Quand le rideau se lève sur le troisième acte, on espère contre l'espérance que ce sera une autre femme, pas la même. Mais pas du tout ! Voici que les fanfares retentissent et que le praticable gémit sous le poids de l'*Ipsissima* qui se précipite au trot vers son petit ami, pareille à un cheval de labour qu'on vient de dételer avec un coup de pelle sur le derrière ! On songe à Madame de Staël.

*A droite.* — Mon cher Jules, croyez que je goûte vos délicieuses plaisanteries. Il est facile de voir que les cris, les tortillements, cette espèce de rut public de Tristan vous ont paru intolérables.

*A gauche.* — Ce n'est pas moi, c'est vous qui aviez au coin de la lèvre ce pli ironique et malveillant.

*A droite.* — Alors puisque nous sommes du même avis et que vous avez tout dit, nous pourrions changer de conversation.

*A gauche.* — Tout cela n'était que pour vous aguicher *ung petit* et pour vous obliger à me parler de *Tannhäuser.*

*A droite.* — Croyez-vous que j'aurais honte à vous dire mon admiration ?

*A gauche.* — Ne nous gênez pas, il n'y a pas de musicien pour nous entendre.

*A droite.* — Une chose que je sais en tous cas, c'est que *Tannhäuser* est un drame, à la bonne heure ! et un drame magnifique d'un bout à l'autre. Il y a des forces opposées. *Tristan* au contraire n'est que la violence rectiligne du désir qui va vers son appointement.

*A gauche.* — C'est cela précisément qui est beau.

*A droite.* — C'est cela qui est beau pendant deux actes, mais au troisième Wagner a laissé tous les spectateurs derrière lui.

*A gauche.* — Il y a plus que ça, il y a une gêne obscure. *Caput artis decere.* Tout le monde sait qu'il ne convient pas de mourir pour l'amour d'une femme. C'est plus que ridicule. C'est une véritable indécence.

*A droite.* — Dans *Tannhäuser* au contraire toute chose est à sa place, l'amour d'Élisabeth et celui de Vénus. Et puis, et puis enfin, là, une chose chez Wagner apparaît dont nous avons omis, jusqu'ici, de parler et sans laquelle la nature d'un héros et d'un artiste ne sera jamais complète, c'est le grand et puissant Chrétien. Tout Wagner est dans *Tannhäuser*, et il n'est pas tout dans *Tristan*.

*A gauche.* — Auprès de ça qu'importent l'italianisme et les musicalités démodées ? et les fanfares de carrousel à vapeur ? c'est le résultat qu'il faut voir et non pas le procédé.

*A droite.* — *Tannhäuser*, c'est le vin en bois, âpre et rêche à la langue, mais avec cette verdeur et cette droiture, avec ce *kick* que les natures fortes toujours préfèrent aux savantes alchimies de l'âge. Les cuivres, si grossiers parfois, et rappelant les fanfares à demi foraines de *Rienzi*, ont une sincérité, une virilité rauque, qui nous prend aux entrailles, une fureur, un rugissement de lion, que toutes les cascades et armatures de dièses de *Tristan* ne suffiront pas à remplacer. C'est la jeunesse, quoi ! c'est l'homme animal dans toute sa sublime et obscène grandeur !

*A gauche.* — Vous rappelez-vous à la fin du second acte *Tannhäuser* près de se fiancer avec Élisabeth et quittant tout parce que là-bas il entend l'appel de Venusberg ? C'est épatant.

*A droite.* — Ah, je n'y peux rien, mon cher Jules, mais moi, cette romance de l'Étoile dont on se moque tant aujourd'hui, elle me tourne le cœur ! Qu'est-ce qui vous fait rire ?

*A gauche.* — Je vous demande pardon, mais à l'instant s'est présentée à mon esprit une vieille photographie de Wagner faite à Vienne dans le temps qui le montre tout petit et maigre entre deux énormes femmes avec son béret de velours et sa figure de polichinelle.

*A droite.* — Il y avait dans Wagner du farfadet et du Nibelung, non seulement du magicien mais du nabot malfaisant. Ce thème qu'il a trouvé pour Alberich en dit long sur son compte. Une histoire nous le montre au théâtre, courant comme un diable sur le rebord du balcon pour atteindre la scène et participer à une de ces batailles horrifiques à grands coups de fer-blanc qu'il affectionnait.

*A gauche.* — Il y a dans tout vrai Allemand un mineur à côté d'un forestier. Ils ont le travail des métaux dans le sang. Mais pardon, je vous ai interrompu.

*A droite*. — Ce ne sont plus des pommes que vous me lancez, c'est une corde à linge que vous me tendez sous les pieds au moment où l'épée haute je me prépare à charger à la tête d'un grand escadron de paroles !

*A gauche*. — Vous alliez me parler de Baudelaire.

*A droite*. — Vous faites le malin, mais vous auriez été avec moi à cette représentation de Vienne, et Dieu sait si elle était mauvaise ! Vous auriez été aussi bête. J'ai sangloté d'un bout à l'autre.

*A gauche*. — Baudelaire raconte quelque chose de ce genre.

*A droite*. — Comme nous nous comprenons tous les trois ! Vous vous rappelez ce mot de l'Évangile, la chair qui désire contre l'esprit et l'esprit qui *désire* contre la chair. On ne fait attention qu'à la première partie de la phrase. Mais il y a une passion de l'esprit plus terrible et plus violente que toutes les ardeurs de la chair. La chair est un poids accablant, mais l'esprit est une tension irrésistible.

*A gauche*. — Est-ce la chair ou l'esprit dans *Tristan* qui est intéressée ?

*A droite.* — Vous seriez bien étonné si je vous répondais que dans *Tristan* c'est l'esprit qui désire *contre* la chair.

*A gauche.* — Ce serait long à expliquer. Du moins dans *Tannhäuser* je comprends que les deux passions comme dans notre propre personne sont l'une et l'autre entrelacées pour une torture réciproque, un peu comme dans le remords baudelairien. La *Passion* dans tous les sens du mot.

*A droite.* — La passion qui est naturellement associée à la croix.

*A gauche.* — Tant que sur l'humanite régnera l'image du Calvaire, nous verrons la beauté païenne prosternée aux pieds du Christ. C'est le baiser qu'il fallait sur ces pieds transpercés. *Osculum non dedisti mihi*, tu ne m'as pas donné de baiser, dit Notre Seigneur à Simon le Pharisien mais elle, s'en charge. La Madeleine de Fra Angelico au couvent de Sainte-Anne est aussi charnelle que celle de Rubens.

*A droite.* — Le sang, les crachats, Madeleine a de quoi essuyer tant d'outrages ! Pleure, créature de Dieu ! Arrose de tes larmes, essuie de tes cheveux les pieds sacrés ! C'est pour cela qu'était faite cette grande chevelure !

*A gauche.* — Cette grande chevelure. Oui, ces cheveux flamboyants, ce sont les cuivres dont vous me parliez tout à l'heure, ce rugissement de lion, cette fureur, cette indignation de l'âme qui sent amèrement sa chute et se débat contre des apparences mortelles.

*A droite.* — Ce qu'il y a d'agaçant avec vous, c'est que, plus vous êtes de mon avis, plus vous m'ôtez de la bouche mes propres paroles et plus je sens qu'il y aurait autre chose à dire.

*A gauche.* — Par exemple pourquoi Wagner, nettement engagé avec *Tannhäuser* et *Lohengrin* sur la route de Christ s'est tout à coup détourné et enfoncé dans la forêt hercynienne.

*A droite.* — Il fallait. Il y avait cette question à liquider. Un artiste a des choses à mettre bas.

*A gauche.* — Et la première, c'était précisément, n'est-ce pas, cette hantise de la forêt, cet appel poignant du Cor ? Il fallait en finir, il fallait organiser une expédition

*A droite.* — Quelle confiance, quel entrain,

quel enthousiasme, quand il est parti ! Il ne doutait de rien. De ce belvédère on voit un océan de feuillages à ses pieds et le Père Rhin là-bas dans le mystère de l'après-midi plus profond que le tonnerre dans ce monde entièrement nouveau, aussi redoutable que l'Edda et aussi frais qu'un conte du chanoine Schmidt, loin des vieilles routes et de la réalité, il n'y a qu'à se lancer à corps perdu. Sans compter que l'art avec lequel Richard Wagner a su tirer des livres scandinaves et des Nibelungen tout ce qu'ils avaient de poétique, de dramatique et d'humain est extrêmement remarquable. Naturellement il y a de temps en temps des fondrières cosmogoniques où l'on perd pied, mais d'une manière générale j'aime à voir le jeune Siegfried, l'élément purement humain, constamment vainqueur des nuées et des chimères, de ces monstres sans pieds qui depuis la Réforme sont la malédiction de l'Allemagne.

*A gauche.* — Je suis de votre avis, *L'Or du Rhin* d'un bout à l'autre est un délice pour l'oreille et un amusement pour les yeux, une chose complètement allemande et complètement réussie. La sève, la jeunesse, la poésie, la musique, l'inspiration, y coulent à pleins bords. C'est plein d'aventure et de trouvailles ! C'est fait d'un seul morceau et va d'un seul mouvement comme un beau fût de hêtre.

*A droite.* — Et tous ces cartonnages et personnages de Nuremberg ont un caractère naïf qui est bien à sa place. Comme les tableaux changent vite, l'imagination n'a pas le temps de se dégoûter.

*A gauche.* — La Walküre est un morceau plus conséquent.

*A droite.* — Ça ne fait rien, j'avale tout ! je n'en ai pas trop, les cinq heures de représentation ! Il y a la grâce, il y a l'inspiration d'un bout à l'autre. Tout le premier acte avec ses violoncelles est dans le sentiment de l'Électre d'Eschyle, et de Baudelaire ; tout le mal du siècle dont nous avons goûté le poison ! quelle douleur ! quelle poésie ! Et plus tard ces âpres cris de la Vierge Brunnhilde, comme un aigle des Alpes ! cette musique de fer, quelque chose à la fois de forcené et de gris, cet éclair glacé que l'on voit dans l'œil de loup des grands Prussiens !

*A gauche.* — Même Fricka et ses querelles de ménage...

*A droite.* — Même Fricka et ses moutons empaillés. Comme dit le pharmacien de Nancy, ça passe, ça passe ! Ça commence à être un peu inquiétant, mais ça passe. Et puis on arrive à cette sublime scène finale, les adieux de Wotan, on oublie tout, ce n'est pas un homme qui a écrit ça, c'est un demi-dieu !

*A gauche.* — Il est vrai, c'est un sommet. Après cela on descend.

*A droite.* — Dès le premier acte de *Siegfried*, on voit bien qu'il y a une lacune, il ne se passe rien, la scène est vide. Le musicien est encore là, mais le poète bricole, il n'est pas à son affaire. Il y a bien un soufflet, mais cela ne remplace pas l'inspiration.

*A gauche.* — Tout repart avec l'Épée !

*A droite.* — Tout repart gaiement et magnifiquement avec l'Épée ! Et puis ce sont les Murmures de la Forêt, le Dragon, le Cor, le Chant de l'oiseau. Nous sommes arrivés ! Nous sommes en pleine Germanie. Tout à l'heure nous étions au sommet, maintenant nous sommes au centre. Toute l'œuvre de Wagner s'organise autour de ça !

*A gauche*. — Écoutez voir tout de même dans la *Walküre* quand l'énorme Brunnhilde se couche par terre, pareille à un cuirassier de Gustave-Adolphe, et que le bouclier que son papa lui a placé sur le corps se met à marcher, soulevé par une puissante respiration...

*A droite*. — Voilà tout ce que vous regardez ! Ça m'étonne que vous ne m'ayez pas encore parlé d'Erda enfermée dans son petit *biertunnel*, vous vous rappelez ? quelque chose comme ces rocailles pour vautours que l'on voit dans les jardins zoologiques, la figure à travers la lucarne éclairée par le rayon d'un affectueux projecteur. Et le sympathique Wotan qui vient la consulter, avec son chapeau de bougnat et cet emplâtre à la Robert-Macaire sur l'œil gauche !

*A gauche*. — Il ne faut pas plaisanter, ces oracles qu'elle débite d'une voix caverneuse, c'est toute la philosophie allemande, la descente du *Herr Privat-Dozent* dans les entrailles de la terre ! Peu importe ce qu'elle dit, personne n'écoute, il n'y a que le ton caverneux qui est important.

*A droite.* — C'est curieux comme le protestantisme et la philosophie allemande s'allient naturellement avec le sombre paganisme de la forge islandaise ! Ainsi dans ces mornes drames d'Ibsen, Solness par exemple ou le petit Eyolf, et Strindberg c'est pareil, on voit nettement apparaître la face barbouillée de sang et de suie des démons de l'Edda.

*A gauche.* — Taisez-vous et regardez cette barre d'or sombre là-bas ! Comme c'est amer ! Nous ne sommes plus au Japon, j'entends un fouet de postillon claquer sur le Pavé du Roy dans la forêt de Compiègne. Le passé ne meurt pas et bien après que les voix se sont tues, l'air reste chargé de murmures. Les lieux déserts sont remplis pour nous d'oracles et de vestiges. Il y a des drames engagés à l'aurore de l'histoire et qui n'arrivent à leur sens qu'aujourd'hui. Nous ne cessons pas d'être solidaires de Lothaire, de Cléopâtre et de Saint Colomban. Des acteurs morts il y a mille ans, c'est à notre bénéfice qu'ils jouaient cette espèce de pièce incertaine et suspendue.

*A gauche.* — Et nous-mêmes souvent sans

le savoir agissons et parlons en prophétie. Seuls les gens qui viendront après nous comprendront ce que quelqu'un par nous a dit pour eux.

*A droite.* — La Tétralogie tout entière est une de ces prophéties. Espèce de petit Velche, vous avez tort de plaisanter Erda. Les grandes choses transportées sur un théâtre de papier et de ficelle, comment peuvent-elles devenir autre chose que grotesques ? Au fond Erda, c'est le personnage essentiel. C'est la douloureuse Mère Allemagne des profondeurs de la racine autochtone qui essaye d'avertir ses fils en noirs balbutiements.

*A gauche.* — Wagner est contemporain de Bismarck. Pendant qu'il écoutait Erda, l'Allemagne était en train de se constituer.

*A droite.* — N'est-ce pas étonnant ? Cette époque de grandeur et de succès pour l'Allemagne, n'aurait-il pas semblé qu'elle appelait un Hymne triomphal ? Et au contraire la *Tétralogie* n'est que la prédiction d'un effondrement, d'une catastrophe générale. On ne cesse pas d'entendre rouler le tonnerre au fond d'un ciel bleuâtre et sulfureux.

*A gauche.* — Elle n'est tout entière que
la malédiction de l'or, de ce capital sous la
terre qu'on ne peut déterrer qu'à quatre
pattes, le rayon céleste et fluide consolidé
en un anneau de chaîne, ce zéro fabriqué
par la finance que la civilisation moderne
s'est mis au doigt, cette matière première
de l'art des Nains et de la tyrannie des
Géants pour laquelle Fafner échange la
déesse de l'amour. Quand j'ai vu Fafner et
Fasolt pareils aux deux sauvages barbus
qui soutenaient l'écusson de l'Empire, partir chargés des sacs qui contenaient leurs
rapines, je n'ai pu m'empêcher de fris-
sonner, je me rappelais les milliards de la
guerre de 70.

*A droite.* — Et tout cela à travers la forêt
sans espoir, parmi les sanglots de l'amour
coupable et les cris sauvages des Valkyries,
sous la poussée des forces aveugles et malfai-
santes, dans l'inceste, la trahison et la haine,
s'achemine vers la catastrophe de la *Gœtterdaemmerung,* ou plutôt cet empilement de
catastrophes, où les voûtes du ciel elles-
mêmes descendent pour alimenter les flammes de la terre et où tous ces palais entassés

par l'imagination et l'hypothèse viennent s'engloutir dans le chaos et le Tartare sous les eaux débordées de la colère de Dieu !

*A gauche.* — Belle conclusion pour le XIX<sup>e</sup> siècle !

*A droite.* — Et le Rhin a emporté la carcasse crevée du cheval Grane pour que les pilleurs d'épaves en fassent des saucisses et de la graisse à chaussures et des manches de brosses à dents !

*A gauche.* — Nietzsche...

*A droite.* — Pardon, mon petit ami, je n'ai pas bien entendu...

*A gauche.* — J'ai dit : Nietzsche.

*A droite.* — Et pourquoi avez-vous dit Nietzsche s'il vous plaît ?

*A gauche.* — J'ai dit Nietzsche simplement comme on tire un coup de fusil, pour rien, pour faire du bruit, pour voir ce qui arrivera.

*A droite.* — Ce qui arrivera, mon cher Jules, si vous répétez le nom de cet individu, c'est que je vous jetterai en bas de la voiture. L'opinion de Nietzsche est à peu près aussi intéressante à connaître pour moi que celle du dernier des pions. En matière de poésie, ou d'ailleurs sur toute autre question, l'opinion de Nietzsche, c'est exactement et littéralement zéro, zéro en chiffres !

*A gauche.* — Alors je retire Nietzsche.

*A droite.* — Ça vaudra mieux. Mais vous avez un mauvais regard et vos lèvres frémissent. Auriez-vous par hasard l'intention de défendre Gœthe ?

*A gauche.* — Non.

*A droite.* — Si vous avez quelque chose à dire pour Gœthe, ne vous gênez pas, c'est le moment, je vous écoute.

*A gauche.* — Ne trouvez-vous pas qu'il y a quelque chose dans les deux Faust, une espèce de poésie de temps en temps, de grandes imaginations ? Et plus que cela, un de ces livres qui devraient être écrits, quelque chose de nécessaire et d'indispensable ?

*A droite.* — Je me borne à affirmer avec une modeste fermeté que Gœthe a été avec Luther et Kant un des trois fléaux, un des trois mauvais génies de l'Allemagne.

*A gauche.* — Tout de même il y a des passages émouvants dans la vie du grand naturaliste. Par exemple quand il se fait ouvrir la tombe de Schiller et qu'il prend dans la main le crâne de son ancien confrère. Ç'a dû être un de ces bons moments comme il y en a malheureusement trop peu dans la vie d'un homme de lettres.

*A droite.* — Certainement dans le *Faust* il y a de la grandeur et de l'imagination, mais c'est une imagination lugubre. Le paysage est désolé. Il y a une atmosphère de désespoir, de calamité et d'égarement, une ambiance de cimetière et de maison de fous. *Inter mortuos liber*, comme dit le Psaume. Nous nous promenons au milieu des simulacres... Cette espèce de réalité soustraite aux personnages qui en fait des fantômes affreux ! Tout le monde a vendu son âme. C'est l'enfer de Swedenborg, l'intérieur de la bouteille aux fantômes, la hideuse constatation de l'inconsistance générale. Et quelle effroyable bouffée de temps en temps de corruption et de renfermé dans les caves de la *Judengasse* ! Gœthe n'a de talent que quand il est inspiré par Méphisto. Et voilà l'homme qu'on nous donne comme le représentant de la beauté et de la sérénité classiques !

*A gauche.* — Tout finit par les lémures

fossoyeurs. C'est déjà quelque peu la *Tétra-logie*, ce *Ragnarok* qui, depuis l'Edda, est à l'horizon de toutes les imaginations germa-niques, et dont ils se donnent pratiquement de temps en temps, comme l'histoire nous le prouve, la représentation anticipée, fût-ce à leurs propres dépens.

*A droite.* — On dirait positivement qu'au début du XIXᵉ siècle on a rendu de la chaîne au vieux Prisonnier et que toute la littérature a été envahie par l'émanation Satanique. Pensez par exemple aux Anglais, à Byron, à Beddoes, à Coleridge, à Quincey et jusqu'au doux Shelley, on se demande comment ce personnage laiteux a pu se confiner volon-tairement pendant des mois dans une atmo-sphère comme celle des *Cenci* !

*A gauche.* — Pour moi, mon objection principale contre Gœthe est que c'est froid, et plus que froid, comme vous dites : ina-nimé. On croirait positivement que l'histoire de Faust est vraie et qu'il a vendu son âme à quelqu'un. Mais l'âme, c'est gênant de s'en passer pour un homme de lettres. Comment faire pour procéder ensuite à nos petits travaux ?

*A droite*. — *Egmont* et les autres drames, c'est aussi mort que les tragédies de Voltaire, des dialogues de cadavres ! Le divan *Oriental-Occidental* ne se sauve que par un petit côté phislistin et Biedermeyer assez rafraîchissant : on dirait un fez sur la tête d'un épicier de Cannstatt ! *Iphigénie en Tauride*, si admirée par Maurice Barrès, ressemble à l'art grec à peu près comme un plâtras de Thorwaldsen ressemble à Praxitèle ! Les *Conversations* avec *Eckermaun*.

*A gauche*. — Calmez-vous ! Vous écumez et les yeux vous sortent de la tête ! Il n'y a rien de tel pour donner de l'éloquence à un poète que de le faire parler d'un autre poète. Je suis de votre avis ! Je suis de votre avis ! Je suis d'autant plus de votre avis que je n'ai jamais lu aucun des bouquins dont vous me parlez et que je suis parfaitement résolu à ne pas les lire. Au lycée on m'a fait expliquer pendant huit ans de suite *Hermann et Dorothée* et les *Kranen von Ibycus*, ça m'a suffi.

*A droite*. — Les *Kranen* sont de Schiller.

*A gauche*. — C'est exactement la même chose. Mais ne serait-il pas temps que nous revenions à cette pauvre Brunnhilde que nous avons laissée endormie sous son arbre, — ce que le bouclier a dû monter et descendre depuis ce temps sur cette généreuse poitrine ! — un ambitieux végétal à quoi le décorateur a consacré tant de talent qu'on voit bien qu'il ne peut être que le fameux frêne Yggdrasil célébré par Leconte de Lisle !

*A droite.* — Nous en étions à l'endroit où Siegfried part en fanfare à la poursuite de l'Oiseau. Bien des choses se sont passées avant qu'il ait grimpé le Roc Ardent, entre autres, si je ne me trompe, *Tristan* et les *Maîtres Chanteurs.* Il y a dans le drame une faille, une fracture. On dirait qu'arrivé au centre de son œuvre Wagner se soit ennuyé et n'ait pas eu envie d'aller plus loin. L'enthousiasme a disparu.

*A gauche.* — Il est certain que le troisième acte est une grande déception.

*A droite.* — J'ai été bien étonné quand je l'ai entendu. En lisant le poème et en regardant la partition je me disais : cette rencontre de la déesse et du héros, ça doit être quelque chose de magnifique !

*A gauche.* — Tout d'abord nous ne sommes

plus dans la tonalité wagnérienne. Tout ce qui est joie, allégresse, tendresse naïve, flambée claire et dévotion héroïque, lui est purement et simplement interdit. Comme disent les chanteurs, ça n'est pas dans sa voix. Les armatures de dièzes s'y opposent. Ces dièzes qui sont quelque chose comme l'éternel imparfait des romans de Flaubert.

*A droite.* — Et pas seulement ça ! mais examinez la situation en homme du métier, c'est un faux beau sujet. Un homme qui devient un Dieu, à la bonne heure ! Mais une déesse qui s'abandonne entre les bras d'un homme et qui quitte l'Alpe sublime pour devenir sa ménagère, c'est choquant et dégradant. C'est l'aventure de Louise de Saxe et du professeur Toselli. Wagner a senti cela, ça lui pesait sur le cœur, et toute l'excitation des deux *correspondants* comme on dit dans les procès de divorce anglais, sonne faux. On dirait un lendemain d'adultère avec la pension de famille zurichoise en perspective. Il n'y a qu'un bon moment dans la triste péroraison, c'est quand la Walküre vient rappeler le ciel à sa sœur déchue et qu'elle refuse dans un beau mouvement révolutionnaire. Là ce n'est plus Louise de Saxe, c'est la fille du général russe entre les bras du pharmacien nihiliste.

*A gauche.* — Et alors, en route pour la catastrophe !

*A droite.* — Hélas, hélas, trois fois hélas ! quelle route, quelle route pour y arriver ! A peine avons-nous quitté le Roc Ardent que la pluie commence. Vous savez, c'est comme les derniers jours des vacances quand le déluge engloutit tout le merveilleux territoire où nous avons si longtemps erré et rêvé. Avec la *Gœtterdaemmerung* aux âges d'argent, de bronze et d'or a succédé l'âge de fer, la froide humidité de novembre. Comme ce pauvre Wagner a dû s'ennuyer à manœuvrer tous ces corps sans vie et à tricoter mécaniquement tous ces thèmes en un lugubre pensum pour lequel il semble avoir reçu les conseils de Beckemesser ! Il est tellement détrempé et découragé que même d'excellentes idées comme Siegfried revenant et essayant d'amener Brunnhilde qu'il ne reconnaît plus à un époux adultère, ça ne l'excite plus, il n'en tire point parti. Il déblaye ! il déblaye !

*A gauche.* — Encore le premier acte, c'est la pluie sur le Hartz ou le Taunus, mais le deuxième acte, c'est la pluie sur un champ de betteraves !

*A droite.* — Vous vous rappelez tous ces Gibichung avec leurs cornes sur la tête et leurs courroies en losanges ? Et ces deux navrants petits chœurs comme des excursionnistes sous la tempête dans leurs imperméables qui essayent de se donner du courage en exécutant des airs patriotiques ?

*A gauche.* — Les plus grands poètes ont leurs effondrements. La Grâce n'y est plus et ils n'ont pas assez d'habileté pour donner le change. Rappelez-vous *Henry VIII* et *Mesure pour Mesure.* Peut-on imaginer quelque chose de plus bâclé et de plus bouillé que *Roméo et Juliette,* écrit dans un plus abominable jargon ? Si Shakespeare n'avait fait que des choses de ce genre, et il en a fait pas mal, comme on comprendrait le jugement de Voltaire !

*A droite.* — Le génie revient au troisième acte comme un coucher de soleil. Siegfried se souvient de Brunnhilde et Wagner se rappelle qu'il a du génie. Notre grand Wagner !

Comme c'est amer et poignant ! Nous l'écoutons le cœur tordu et les larmes aux yeux. Toute notre jeunesse a suivi le cortège de Siegfried.

*A gauche.* — Et alors il réunit tous ses efforts pour la catastrophe dont vous avez si bien parlé tout à l'heure (ou était-ce moi ?). L'idée d'une catastrophe, je veux dire une belle, une vraie, pour les Allemands, elle est aussi transportatoire que celle de la Révolution l'était autrefois pour les Français.

*A droite.* — C'est ici qu'on regrette de ne pas savoir lire la musique et de promener des yeux impuissants sur ces grandes pages carrées couvertes de hiéroglyphes ! A la scène c'est un vacarme où l'on ne distingue rien, des flammes qui jaillissent dans des tourbillons de poussière, des thèmes vertigineusement empilés qui s'écroulent l'un sur l'autre comme des montagnes d'assiettes sur des millions de bouteilles fracassées et Brunnhilde tout en bas qui hurle silencieusement la bouche toute noire en agitant une lance au bout de son bras gras ! Ce n'est pas seulement cela ! Je voudrais être un prédicateur pour dire : Regardez, chrétiens ! C'est un des plus grands génies que la terre ait portés qui constate son impuissance, l'imagination impuissante à recréer l'Éden, la Force se débattant sur elle-même et incapable de s'arracher du flanc le trait invisible de l'amour !

*A gauche.* — Le Cor s'est tu.

*A droite.* — Mais les cloches déjà commencent à se faire entendre.

*A gauche.* — Tannhäuser ! le terme de ton pèlerinage approche !

*A droite.* — Si nous avions un peu le sens de la véritable poésie, combien la vie de Richard Wagner nous paraîtrait plus merveilleuse que celle de l'amant de Vénus !

*A gauche.* — Déjà la rambleur de Tokyo commence à rougeoyer dans le ciel noir. Cher maître ! ne me ferez-vous pas grâce de votre développement sur *Parsifal* ! Je sais tellement ce que vous allez dire. Et il m'est venu en vous écoutant deux ou trois idées dans la tête auxquelles je voudrais réfléchir.

*A droite.* — Je vais vous étonner, mais je n'ai jamais entendu *Parsifal* ! Je ne connais que l'ouverture et la scène religieuse du premier acte, c'est beau ! Et l'*Enchante-ment du Vendredi-Saint* que je n'ai pas compris.

*A gauche.* — Pourquoi n'êtes-vous jamais allé entendre *Parsifal* ?

*A droite.* — Pourquoi faire ? J'étais devenu catholique, qu'est-ce que *Parsifal* pouvait m'apprendre ? J'en savais plus long que Wagner. N'importe quel bon enfant du catéchisme en sait plus long que Wagner. Vous vous rappelez ces mots qui figuraient au dernier numéro de la *Revue Wagnérienne* d'Édouard Dujardin : « Il y a quelque chose de plus beau que *Parsifal*, c'est n'importe quelle messe basse dans n'importe quelle église. » Il y a des choses qui pour l'homme en route sont des approximations méritoires et qui pour l'homme arrivé sont des défor-mations sacrilèges. Montsalvat était un terme pour Wagner, pour moi c'était un point de départ.

*A gauche.* — Il est vrai, cette ouverture, que c'est beau ! Il n'y a pas besoin d'entendre le reste. A la main gauche c'est encore le Rhin ou les murmures de la forêt, mais la main droite articule nettement et presque théologiquement les trois thèmes de la foi, de l'espérance et de l'amour.

*A droite.* — Elle est donc obtenue, l'*Erloesung* que réclamait cette grande âme, et que ni Isolde ni Erda n'ont pu lui procurer, elle a passé à travers les prestiges de Vénus, à travers le maléfice des nains et la muraille des géants. Votre critique est bien injuste.

*A gauche.* — Comment y verriez-vous autre chose que ma profonde tendresse ? Wagner est un héros. La vie des autres artistes du XIX$^e$ siècle est une ébauche, lui seul a fourni la carrière d'un bout à l'autre. Même cette foi dans les loques ridicules que le théâtre mettait à sa disposition parmi lesquelles il était aussi à son aise qu'un matelot au milieu du goudron et des cordages, comme c'est naïf et touchant ! Il ne discutait pas plus les praticables et la toile peinte, les animaux empaillés et les demoiselles qu'on enlève vers les cintres avec une ficelle au derrière, que Michel-Ange ne chicanait le marbre de Carrare. Il croyait ! telle est la force et la masse de ce magnifique génie, que, quand il donne à fond, nous sommes emportés les pieds par-dessus la tête.

*A gauche.* — Le peuple d'où est sortie une telle âme, vous devez donc avouer que c'est un grand peuple ?

*4 droite.* — Qui vous dit le contraire ? Comment pouvez-vous me comprendre si mal ? Qui se pencherait sans sympathie sur une destinée aussi tragique que celle de l'Allemagne ? Comment oublierais-je que pendant ces années de matérialisme où l'éducation universitaire avait scellé sa dalle sur la tête d'un pauvre enfant, Beethoven et Wagner furent pour moi les seuls rayons d'espérance et de consolation ? Le *Faust* et la *Critique de la Raison Pure* n'ont jamais fait de bien à personne, mais la Sonate Waldstein a été pour l'humanité un bienfait plus grand que la découverte de la vaccine. Et le seul triomphe après tout qu'ait eu l'art au xixe siècle, la seule réalisation complète, malgré ses insuffisances, qu'il ait obtenue et qui nous donne un peu d'espérance pour l'avenir, c'est en Allemagne que ça s'est passé. Comparez le sort de Wagner et celui de Berlioz, son égal en génie, absolument et définitivement étouffé par de noirs imbé-

ciles ! Wagner se joue d'un bout à l'autre
de l'Allemagne, quand entendons-nous les
*Troyens*, même sous une forme tronquée et
défigurée ? Songez à Baudelaire, à Verlaine,
à Mallarmé, et qu'il n'y a pas eu en France
au siècle passé un seul artiste original que
la coalition que vous connaissez n'ait essayé
d'écraser. Même ce pauvre bonhomme à
votre droite, que serait-il arrivé s'il lui avait
fallu se fier pour vivre à ses seuls talents
littéraires ?

*A gauche.* — N'achevez pas ! Vous me
tirez les larmes aux yeux !

*A droite.* — Songez au cours de quelles
années Richard Wagner a poursuivi sa carrière. C'est l'époque de Darwin, de Herbert
Spencer et de Haeckel, et de la conquête
du monde par le chemin de fer et la machine.
*Parsifal*, est représenté en 1883. C'est l'année
où le triomphe matérialiste connaît son
apogée. La gloire de Taine et de Renan
couvre tout ; notre poésie se consacre à
colorier des cartes postales, notre roman est
le roman naturaliste. On n'ouvre pas un
livre, pas un journal, sans y trouver des
attaques et des railleries contre la religion.

La rue elle-même est remplie de carica-
tures immondes. Là-bas, dans sa Russie,
Dostoïevsky est profondément ignoré. C'est
le moment où seul sur la colline de Bayreuth
au-dessus de l'Europe abaissée, au-dessus
de l'Allemagne qui se crève d'or et de bonne
chère, Richard Wagner confesse le Christ
sous sa forme sacramentelle.

*A gauche.* — C'est admirable !

*A droite.* — Certainement c'est admirable !
Songez à ce qu'est Richard Wagner, ce fils
d'un pauvre acteur, échappé comme un rat
d'un égout du sous-sol d'un théâtre, ce chef
d'orchestre ambulant, ce bohème, cet *out
cast*, sans formation religieuse, sans éducation morale, dans le pays de Luther et de
Kant, livré sans défense à toutes les erreurs,
à toutes les passions, mais au-dessus de
toutes les paroles il écoute, au-dessus de
tous les blasphèmes, de toutes les discussions
et de toutes les théories, il est sauvé par
cette voix qui l'appelle, la voix de la musique, cet accent du Paradis Perdu, cette proposition de mystère, le souvenir de Dieu, un
appel d'une tristesse déchirante ! Et alors ce
n'est pas seulement aux Filles-Fleurs et à

Mathide Wesedonk qu'il lui faut échapper, c'est aux thiases infiniment plus frénétiques et plus redoutables des artistes, des journalistes, des professeurs à lunettes et des pasteurs à fraises !

*4 gauche.* — Vous oubliez le plus cruel ennemi de Wagner, Richard Wagner lui-même. Au moment même où *Parsifal* est représenté, il écrit *Religion und Kunst* et se livre dans les *Bayreuther Blaetter* à un débordement d'inepties.

*A droite.* — Le génie a souvent de tristes compagnons. Je pense à celui qui assumait souvent l'apparence de Richard Wagner, à ce nain clignotant, coiffé d'un béret de velours, affublé à la manière d'une vieille grue viennoise et bataillant avec une épée de théâtre pour la « Musique de l'avenir » contre des *entrées* de betteraves animées et de navets dansants ! Je pense à vous, mon cher Jules !

*A gauche.* — Merci !

*A droite.* — Quand l'art n'est plus là pour imposer sa règle terrible, quelques gambades sont excusables. Ça ne fait rien. Il a passé à travers ça, il a passé à travers le matérialisme et le bouddhisme et le protestantisme et le nationalisme et Schopenhauer et Kundry et les ennemis et les admirateurs ; il a dépassé le rêve et il a trouvé la présence réelle ! Il n'a plus qu'à se mettre à genoux devant le Saint-Sacrement et à regarder, il va mourir, il communie ! Les extravagances mêmes de *Parsifal,* je ne lui en veux pas. C'est la boue des mauvais chemins dont le pauvre pèlerin est tout couvert.

*A gauche.* — J'ai plaisir comme vous à penser que les deux hommes, les deux incomparables amis à qui Wagner a dû son triomphe en ce monde sont deux catholiques, l'un l'abbé Liszt et l'autre le magnanime souverain de Bavière, Sa Majesté Louis II.

*A droite.* — Les grands hommes sont des paraboles vivantes. Ne peut-on penser que la vocation de Wagner est l'image de celle de l'Allemagne ? Son oreille est tendue à autre chose que des paroles. Pays au milieu de l'Europe sans visage et que l'on n'arrive à comprendre que par ce génie qui l'empêche de parler, et sa littérature s'effume tout de suite en mystagogies inconsistantes. On est tenté de lui dire comme Dante à Nemrod au fond de la Malebolge : « Prends ton cor, Géant, et soulage ton âme chargée ! »

*A gauche.* — Cela est vrai, même à ne regarder que le côté purement technique et artistique. Les qualités qui font défaut à la littérature allemande, le suc, la vie, tout d'abord, la flamme, la fraîcheur du vrai, le bon sens et le discernement, la fine et forte appréciation de l'objet, la domination de soi-même, la volonté et la raison toujours présente fût-ce au sein de l'ouragan, le sens des vastes mouvements unanimes et de la grande composition qui ne range pas des idées mortes dans un ordre pédantesque, qui ne mutile pas et ne contraint pas ce que j'appelle la sous-création mais qui, au contraire, la provoque et la fait jaillir et multiplier de toutes parts en une discipline spontanée et en toutes sortes d'inventions merveilleuses, elles ne manquent pas d'une manière plus signalée à Gœthe et à Schiller qu'elles ne sont magnifiquement proposées à notre admiration et à notre étude dans Bach, dans Haendel, dans Beethoven et dans Wagner. En ce langage seul des sons pour s'adresser au monde entier l'Allemagne a été maîtresse. Chaque pays après tout a sa vocation, en est-il une plus belle que celle-ci ?

*A droite*. — La voie que ses musiciens lui montrent et que Richard Wagner a suivie d'un bout à l'autre, celle des artistes et non pas celle des professeurs et des philosophes, c'est celle-là qui est la bonne.

Mais nous sommes arrivés, au revoir !

Tokyō 1926.

# SMARA

La Pauvreté n'a jamais cessé d'avoir des amants ardents et fidèles, depuis que Notre Seigneur, avant de mourir sur la croix, l'a léguée à son disciple préféré afin qu'il la reçût avec révérence *in suâ*. Et, depuis, les Pères du Désert jour et nuit se sont relevés à ses portes ; François s'est fait son chevalier ; Don Quichotte a arboré ses couleurs, et plus tard, nous nous en souvenons ! les hommes de toutes les nations lui ont trouvé tant d'attrait qu'ils se sont enrôlés par millions sous ses enseignes, et qu'à leurs familles, à leur métier, à leur vie même, ils ont préféré le privilège de manger son pain amer et de dormir dans la boue à ses côtés. Aujourd'hui même ne dirait-on pas que toutes les ressources de la science, de la diplomatie et de l'économie politique n'ont abouti qu'à reculer jusqu'aux limites de la planète, celles

de son Royaume ? Beaucoup parmi ses élus
pour la trouver n'ont pas eu besoin de la
chercher : ils n'ont eu qu'à l'attendre sans
bouger de leur maison et de leur patrie.
Mais pour d'autres que de travaux et que
d'efforts ! C'est vraiment cette perle de
l'Évangile pour qui le spéculateur judicieux
n'hésite pas à se défaire de tout ce qu'il a.
Tels Rembrandt qui s'éloigne à mesure que
la faveur des hommes cherche à le rejoindre
et qui meurt enfin, saisi à la gorge par les
huissiers, Christophe Colomb qui découvre
un monde pour en ramener des chaînes,
Napoléon qui conquiert l'Europe pour s'assu-
rer la possession de ce rocher au milieu
de l'Atlantique ; Rimbaud dévoré par un
cancer. Mais jamais amant n'a couru au
rendez-vous accordé par sa maîtresse d'un
cœur plus impétueux et plus abandonné que
ce jeune homme, dont j'ai reçu mission de
présenter au public le journal de découverte
et d'agonie, n'a désiré cet endroit sur la
carte au milieu de solitudes inhumaines où
d'imperceptibles italiques forment les deux
syllabes : *Smara*. Rien ne lui coûte, la
fatigue, le danger, la faim, la soif, la nour-

riture grossière, l'eau pourrie, la vermine,
les sables et les feux de l'Enfer. Il donne
tout son argent, il se confie tout seul à
quelques brigands dont la langue même lui
est inconnue. Il passe des heures roulé dans
un ballot, lié par les quatre membres comme
une bête qu'on sacrifie. Une première ten-
tative échoue ; il recommence et réussit.
Ce n'était pas payer trop cher le droit d'errer
pendant deux heures dans ce village fait de
quelques tas de pierres amassées par les
nomades et déjà évacué par eux. Ce n'était
pas trop cher, car celle-là qu'il désirait a été
fidèle au rendez-vous. Il n'a pas plus tôt
gravi la selle de son chameau comme un
trône de torture, il n'a pas plus tôt dirigé
vers le Nord les naseaux de cet animal dou-
loureux, qu'il a reconnu sur sa bouche ce
paiser glacé et au fond de ses entrailles ce
frisson dévastateur. La route qu'il a suivie
dans la contraction de l'espérance, il la refait
dans celle de l'agonie. Mais l'intelligence et
l'attention restent éveillées dans ce corps
indomptable, vidé par la dyssenterie et
secoué par l'affreux galop d'une bête elle-
même à moitié morte : jusqu'au dernier

moment la boussole, la montre, le crayon, relèvent tous les détails et tous les fléchissements à travers le vide de l'inestimable itinéraire ; le regard pur et acéré perce, domine les êtres obscurs qui l'entourent. Il arrive enfin, il tombe expirant entre les bras de son frère, une voiture emporte jusqu'à la couche suprême ce triomphateur épuisé. Lui seul comprend ce qu'il a fait, il a rempli sa destinée, il a fourni d'un seul coup ce qu'on attendait de lui, le plus pur de son sang, la moelle de son intelligence et de sa volonté. Il ne pouvait pas faire plus. Le moment est venu pour lui d'ouvrir la bouche et de recevoir son Dieu. *Au vainqueur je donnerai un caillou blanc* (1). Celle qu'il a tant désirée, il l'a étreinte à la fin et il sait que ses promesses ne sont pas menteuses. *Celui qui m'écoute ne sera pas confondu ; ceux qui opèrent en moi ne font point de faute ; celui-là qui m'élucide aura la vie éternelle* (2).

Washington, le 9 juin 1932.

(1) Apoc. 2.17.
(2) Ecclé. 24.30.31.

# LA PÉRÉGRINATION NOCTURNE

L'enfant qui dort là-bas dans ce vieux
pavillon au cœur d'énormes tilleuls, les trois
petites filles du jardinier dans le même lit
comme des œufs frais dans la paille, ont
certainement entendu, qui grossit impercep-
tiblement et qui s'efface, et cette accentua-
tion menaçante qui est notre passage à
l'instant sur un pont sombre, le roulement
de notre train de minuit. Tout le pays
nocturne un moment a pris une voix, et ce
son qui s'échappe de dessous nos essieux,
à l'onde immense de tous côtés sans aucune
résistance qu'il détermine, prouve que nous
nous ouvrons un passage à travers le sommeil général. Il ne fait pas obscur, tout est
visible et clair de l'autre côté de la vitre,
et les meules, les instruments abandonnés,

ce ton pâle, cette poussière céréale qui se mêle aux arides souffles de la canicule, indiquent qu'au sein de ces campagnes sans mémoire on a fini de moissonner. Là-haut, la tête renversée sur le dur capiton, j'épie ce hiérophante, qui, un sistre étincelant à la main, suit pas à pas la route du soleil à travers un ciel plein de clous. Trois fois, quatre fois, le train de cette interminable mélopée à qui j'ai livré mon corps pour toute la nuit nous a rapprochés de ce large fleuve bordé de flambeaux noirs et de condensations forestières qui ouvre sous la lune une avenue de rêve et de désert vers Camelot et Avallon. Le jour la terre et ses tableaux s'imposent à notre regard : mais à cet envers du temps, des profondeurs de cette présence en nous que nous rend sensible ce mouvement cadencé par un refrain inépuisable, il émane un son qui, au contact de la réalité, si nous rouvrons les yeux, devient ce suspens précaire, ce spectacle magique, étonné de s'offrir à nous dans la nuit illuminée. Dans cette nature nouvelle qui survient quand il n'y a plus personne pour l'empêcher d'exister, la mémoire triomphe de l'actualité et l'extase de tout changement. Le détail et la teinte ont disparu, il ne reste plus que la silhouette et la masse, et le fantôme parfois de cette couleur qui intéresse les vivants. Cependant la prosodie de mon essor migrateur a changé. Le rythme carré qui me portait depuis ce coup de poing dans la nuit, depuis ce poste violent que nous avons laissé derrière nous éclairé par des torches électriques et ces lettres confuses que la vitesse transforme en un sillage fulgurant, altéré maintenant par une insinuation hasardeuse d'agréments et de grupetti, est devenu un contrepoint compliqué de molosses et de tribraques. Maintenant le désert a repris et les quatre coups acharnés de cette phrase invincible qui m'entraîne, le dos à une paroi secouée. Sur ces étendues blondes derrière la vitre, faites d'espace pur et de froment à l'infini sacrifié, il n'y a plus que deux taches lumineuses, ce tesson de lune expirante et tout à côté le reflet mystique de cette lampe bleuâtre qui éclaire notre dortoir roulant.

Je ferme, je rouvre les yeux. Combien de temps va durer encore ce paysage abandonné

par les heures, cette campagne inanimée,
cet enveloppement lunaire, cette Bethléem
qui accourt sur nous morceau par morceau,
lentement caressée par les fils télégraphi-
ques ? Mystérieuse complice de la conscience,
éclairée par une lumière abstraite !

Quand je me réveille, allons, c'est le jour
déjà, il n'y a pas à s'y tromper, bientôt
nous serons arrivés et la main instinctivement déjà se crispe sur les poignées de la
valise. Un frisson de bien-être court sur la
nature qui se demande si elle n'a pas le
temps de dormir encore un petit peu. Les
gens qui ronflent dans ces maisons que la
marée de l'éternité vient à peine d'abandonner ne se doutent pas que l'on y voit
dehors comme en plein jour. Tout à la fois
reprend âme, un sentiment de gaieté se mêle
à ces yeux de tous côtés qui s'ouvrent, et
ce je ne sais quoi de rose qui s'allie aux
accents de la trompette ! La lune mélanco-
lique elle-même s'est mise à rire et un rayon
martial fait briller le cimier de son casque.
Le dormeur s'est éveillé dans un tressaille-
ment d'espérance et de victoire. Il se réveille,
il croit en Dieu d'un seul coup ! et au bout

d'un instant, dans la pureté de l'aurore, de son cœur à ses lèvres puissamment s'élève le torrent des psaumes. C'est moi ! c'est Toi ! j'existe ! je suis vivant ! Loue ton Dieu, Jérusalem ! et moi, ah, laissez-moi me réjouir dans ces choses qui m'ont été dites ! Je serai le plus fort, j'entrerai, mon épée brisée à la main, au milieu de tous ces amis qui m'attendent ! Loue ce Dieu, ô âme désirante qui te nourrit de la moelle même de son froment !

P.-L.-M., 20 août 1932.

# LE VOLEUR VOLÉ

Quand je réussis enfin à pénétrer dans la Salle d'attente, triomphant de la mauvaise volonté d'un homme d'équipe engourdi qui n'en finissait pas de vérifier mon billet, j'éprouvai ce sentiment de dilatation et de bien-être qui succède, quand on est arrivé, à l'angoisse d'une longue chevauchée dans la nuit avec ces alternatives de ténèbres oppressantes et de vacarme électrique. Tout ce que je savais, c'est qu'à aucun prix il ne me fallait manquer le train, bien que l'heure du départ me soit inconnue, car je n'avais pu me procurer d'indicateur. Le renseignement même que le contrôleur venait de me glisser par le guichet ne m'éclairait pas beaucoup, car je suis dur d'oreille. Enfin je suis arrivé tout de même, il n'y a qu'à prendre patience.

A part la lourde chaleur, on ne peut pas dire que le local familier et crasseux qui me réintégrait après tant de détours eût un accueil spécialement confortable. Le temps à lui tout seul, tel que de sévères affiches de papier mort sur les murs, au hasard de nomenclatures incompréhensibles en répartissait les heures et les minutes, faisait tous les frais du décor. Je ne sais pour quelle raison, la pièce était encore éclairée d'un de ces quinquets d'autrefois surmonté d'un énorme abat-jour de fer peint, qui lui donnait un aspect assez farouche et caverneux. J'aimais encore mieux ça que de m'être fait ouvrir, comme j'en avais eu un instant l'idée, aux dépens d'une serrure définitive, la salle d'attente des premières. Cette petite pièce toute noire et sans doute glacée, avec son bronze sépulcral sur la cheminée, son feu éteint, et ces meubles rigides recouvert d'un velours immémorial, avait un œil positivement sinistre, que n'égayait pas le paysage implacable et géométrique découpé par le carré de la porte à l'autre bout. Ici même je n'avais qu'à frotter du bout de mon gant la vitre embuée pour retrouver le même fleuve, divisé par trois perrons, de lignes étincelantes arrivant à toute vitesse de la nuit et se rattachant de l'autre côté à rien de visible, et cet immense embarcadère vide en face de moi que mon imagination n'avait aucune peine à repeupler des régiments de la guerre en route vers l'abattoir.

L'impression physique vous enveloppait dès que l'on pénétrait dans cette grande boîte malpropre d'une foule compacte qui venait à peine précipitamment de l'évacuer, et qui avait laissé derrière elle, avec son odeur et quelque peu de sa rumeur spirituelle, un considérable détritus, journaux souillés, pelures de fruits, bouteilles vides, cette petite capeline d'enfant dans un coin et la crotte par terre de toutes sortes de rues et de routes. D'ailleurs sur le quai à présent ce sont les facteurs qui ramènent à grand bruit leurs chars, et là-bas ce que j'entends dans la nuit désespérée de novembre, n'est-ce pas le grondement d'un train qui s'éloigne ? Ramassée, la première série !

La sonnette au dehors grelotte à vitesse accélérée. Il est deux heures du matin. Quelle solitude !

Tâchons de savoir où nous en sommes, et, plutôt que de nous exposer à l'un de ces échecs humiliants qui sont le pain quotidien des étrangers et des sourds, tâchons de nous débrouiller nous-mêmes avec les documents qui sont mis à notre disposition. Il y a tant de noms sur cette affiche que je serais bien malheureux si je ne réussis pas à y faufiler mon itinéraire. S'agit-il d'ailleurs d'un avenir rétréci, ou, plutôt, de tout ce chemin déjà abattu derrière moi et d'un raccord avec ce tas confus de localités baroques dont le catalogue hasardeux a constitué mon existence ? en quoi, pourrais-je ajouter, cette salle d'attente où je viens de m'installer diffère-t-elle de toutes les autres, réunies par un labyrinthe inextricable de corridors, de passerelles, de voies ferrées et de paquebots, dont l'enfilade mesure celle de mes mois et de mes années, sinon en ce point qu'elle est la dernière ? Ces stations plus ou moins prolongées sur toutes sortes de berges absurdes dans un inintérêt total, qu'était-ce après tout que des salles d'attente élargies et perfectionnées, avec l'usage du buffet, du parterre et des quartiers circonvoisins, la permission de recevoir des journaux et de correspondre avec ma famille, et dans l'oreille le grésillement ininterrompu de la sonnette du quai ? Profitons du moins de l'expérience acquise pour tâcher, malgré la mauvaise lumière et mes faibles yeux et toutes les tentations et variantes latérales, de trouver la colonne juste, où, comme total d'une série laborieuse de montées, de descentes et de computations, l'observation *petit i* ne vienne pas tout annuler.

Quand avec un profond soupir et sans résultat obtenu je réussis enfin à décoller mes yeux de ce papier fascinateur, je m'aperçus que je n'étais plus seul et que de fait la Salle d'attente s'était remplie, à chaque instant débouchaient des contingents frais et le bruit de pieds nouveaux au dehors ne s'arrêtait pas. Quoi d'étonnant, puisque cette gare isolée contrôle une triple ou quadruple bifurcation qui sert d'exutoire à toute une région importante ? De là la variété évidemment des échantillons sociaux et ethnographiques qui, au plus épais de ces heures dérobées au sommeil, profitaient des commodités nocturnes de ce banc administratif autour de la pièce, sans parler de cet amoncellement hétéroclite de toutes sortes de colis et de baluchons. Il y avait d'abord l'inévitable femme en grand deuil et à l'œil ardent, comme pour mener le chœur, que l'on trouve dans les pays chrétiens à la tête de toutes les occasions publiques. Puis tous ces rustiques, hommes et femmes, dont le noir est le costume de gala Un garagiste à cravate virulente, quelques ouvriers émaciés et arsouilles. Un moment nous eûmes à souffrir de l'intrusion de ce groupe de jeunes soldats, mais leur ébrouement naïf ne tarda pas à succomber à l'atmosphère ensommeillée et mécontente de cette caque où le balancement régulier du gros luminaire odorant promenait déjà un dorlotement de wagon avec le sentiment de la durée. Puis ce furent de jeunes prêtres, la sacoche réglementaire au dos, accompagnant un vieux missionnaire chenu. Et naturellement des enfants, les uns empaquetés, les autres dormassant sur les genoux de la mère ou de la grande sœur. Si vraiment, comme on le prétend, les encriers qui se dessèchent au fond des études de tabellions donnent naissance à une population spontanée, comme les plombs de vidange le font pour des légions de cafards, certainement ce légiste de sous-préfecture en faisait partie, qui d'un ongle noir épluchait une liasse de papiers crasseux, avant que de les reclore dans ce portefeuille gras enserré d'une élastique, en même temps qu'une mâchoire inexorable. Quand est-ce que cette grosse femme là-bas dans le coin aura fini son chuchotement de confessionnal à l'oreille de cette jeune fille décharnée qui l'écoute, pareille à une tête de mort émergeant d'un pot de fleurs ? Et tout à coup, enfin ! comme un braiement d'onagre, comme la voix du muezzin qui atteste Allah au milieu d'un désert sans bornes, s'éleva ce que nous attendions tous, l'expression de notre accablement collectif, le ronflement de trois heures du matin, le cri de l'homme qui dort, d'abord incertain et entrecoupé, puis acquérant peu à peu le rythme et l'autorité d'une lamentation lyrique, pareil au râle de l'agonie, à la plainte de Job sur son grabat accusant l'Auteur de ses jours !

Encore ces quelques retardataires qui arrivent en courant, tout mouillés des pleurs de la nuit, et nous adressent un sourire timide et mal accueilli, et maintenant, ça y est, nous sommes au complet, il ne manque plus personne. C'est nous la classe. Depuis le jour de notre naissance les étoiles nous ont choisis et recrutés, les appels les plus divers nous ont touchés par les voies les plus étranges, pour que nous passions ensemble cette dernière veillée, et pour que nous fournissions, rejoints, ce lot d'âmes bizarrement appariées par le Destin qu'un convoi indifférent se prépare à étancher. Tout le monde sent qu'il n'y a plus longtemps à attendre. Notre train est en route. Sans doute qu'à cet instant même il attaque le dernier tournant. Les dormeurs se sont réveillés. Chacun compte et rassemble ses paquets. Les mamans rajustent les chapeaux et manteaux de leurs gosses. Dans le coin là-bas ce tas confus de capotes, de bonnets de police et de gros mollets bleus a repris des formes distinctes. Les ecclésiastiques ont

refermé leurs bréviaires et le vieux missionnaire empoigne son bâton avec fermeté. Ah !
c'est en vain que maintenant on essayerait
de nous retenir ! c'est en vain que l'on nous
parlerait de notre ménage, de notre commerce et de notre patrie ! Nous n'avons
d'yeux que pour cette porte qui va s'ouvrir.
Nous n'avons au cœur que ce seul sentiment
décrit par le poète latin, quand il nous
dépeint les ombres qui se pressent sur la
rive fatale et qui tendent les bras vers
l'autre berge là-bas confusément aperçue.

*Tendebantque manus ripae ulterioris amore.*

Encore quelques secondes, quelques secondes encore, et il faut s'attendre à cette serrure âprement qui craque, à cette porte
brutalement secouée sous le poing de l'employé, qui résiste et qui va s'ouvrir ! Mais
il n'y a rien là qui justifie cette clameur
hystérique que je vois en train de se former
dans la poitrine pitoyable de cette pauvre
jeune fille. Ni sur ce visage rond de matrone
ces yeux qui s'élargissent et ce sourire égaré,
ni cette main frémissante à la recherche
d'un cœur tout prêt à défaillir ! Ni ces

regards entre nous comme de complices dont les histoires vont être tirées au clair.

Après tout, de quoi s'agit-il ? Les chances évidemment sont pour que nous ne revenions pas ici. Mais si cette Salle d'attente ne tirait pas des circonstances que je viens d'analyser une dignité particulière, je dois avouer que l'idée de ne plus jamais y remettre les pieds me paraîtrait supportable.

# LA SALLE D'ATTENTE

Seigneur, il est écrit dans l'Évangile que vous venez comme un voleur. Le voleur vient la nuit, et c'est le matin seulement qu'on s'aperçoit de ce barreau de fer déplacé, de cette serrure forcée, de cette fenêtre ouverte, — ou de cette tache suspecte sur la figure et de cette douleur curieuse au côté. Parfois il arrive qu'on a bien entendu quelque chose, mais c'était mélangé à nos rêves ou à tous les bruits familiers de la maison ou à la conversation avec nos amis. Je me rappelle maintenant que plusieurs nuits de suite il y a eu des appels au téléphone, mais quand je décrochais le récepteur personne ne répondait. Il n'y a plus qu'à réparer les dégâts comme nous pourrons, quel drôle de choix parmi nos misé-

rables trésors a fait ce brutal envahisseur !
Enfin le voleur est entré, si du moins nous
étions sûrs qu'il est sorti !

Mais il y a d'autres procédés de vol moins
simples que le cambriolage. Il y a les filous
et les escrocs. Il y a le banquier qui fait
faillite. Il y a le secrétaire qui lève le pied.
Il y a les longs procès à la suite de quoi on
se retrouve tout nu comme un petit Saint
Jean. Il y a les différences au jeu et à la
Bourse. Il y a l'homme d'affaires qui trouve
le moyen de faire de vous non seulement sa
victime mais son complice. Est-ce aussi à ce
genre de vols, Seigneur, que vous faites allusion dans votre similitude ? Pourquoi pas ?
N'ai-je pas écrit à l'instant de cet infortuné
qui, rafraîchi de son portefeuille, se tâte les
côtes avec une indignation comique qu'il se
*retrouve* ? Et souvent le premier cri, d'un
ridicule Adam vers son Créateur n'a-t-il pas
été cette lamentable et triomphale constatation d'une bouche qui malgré elle ne pro-
fère que la vérité : *Je suis refait !*

Le voleur est celui qui s'empare de ce qui
ne lui appartient pas. Ici ma plume s'arrête
et interroge. Il y a donc, Seigneur, des

choses qui ne Vous appartiennent pas ? Je
sais que c'est Vous qui les avez tirées de
rien et que sans le support de Votre parole
conservatrice qui a retenti non pas dans le
temps mais dans l'éternité elles retourne
raient au néant. Mais puisque Vous nous les
avez données, elles ne Vous appartiennent
pas plus désormais qu'un tableau au peintre
qui l'a vendu, suivant cet axiome de droit
que *Donner et retenir ne vaut.* A cela quelqu'un à votre place me répond qu'il y a
possession de fait et non pas possession de
droit, et que cette possession n'étant justi-
fiée par aucun titre reste séparée de l'absolu
par la condition suspensive comme elle est
entraînée vers la péremption par sa condition résolutoire. Celui-là seul possède qui est
le maître légitime, à l'invité temporaire il
n'est accordé que la jouissance. Notre droit
sur les choses est variable et précaire, car
après tout ce n'est pas à nous essentiellement qu'elles appartiennent et nous ne
sommes que l'instrument chargé de les faire
parvenir à leur fin. Comment donc s'étonner
si Primus de temps en temps rappelle à lui
par des procédés que nous qualifions de

violence ou de fraude ces biens que nous avons détournés et qui sont plus attentifs à sa voix que respectueux de nos serrures ? Cependant Vous nous les avez laissés, Seigneur, assez longtemps pour que nous les ayons marqués de notre empreinte. Faut-il croire, Vous qui êtes le Créateur, que Vous soyez curieux de nos procédés, que vous soyez, comme un bailleur de fonds, *intéressé* à nos affaires, et qu'en savant expérimentateur, en observateur de nos réactions, ou, comme disent les Livres Saints, en *tentateur*, Vous Vous permettiez de prélever de temps en temps sur nous-mêmes et sur nos fabrications personnelles des échantillons ?

Car autrement qu'est-ce que Vous pourriez en faire ? Je comprends que le soleil et les étoiles soient à Vous. Mais cette statue en verre de Garibaldi et ce gramophone, par où Vous y prendre pour Vous les approprier ? Je comprends que les anciens Mages vous aient fait des sacrifices de beurre et de sang. Mais mon mobilier en faux Louis XV accompagné du Dictionnaire Larousse et des Œuvres complètes de Victor Hugo avec illustrations que l'incendie vient de volati-

liser, est-ce que vraiment l'odeur en a été
agréable à Vos narines ? Que pouvez-Vous
tirer de mon paquet d'actions des Mines
d'or de l'Uruguay ? Et pourquoi me prenez-
vous tout à coup ce bras, ou cette jambe,
ou ce petit rouage de mon oreille, qui ne
vous servent à rien et qui me servaient à
gagner le pain de mes enfants ? Vous pra-
tiquez sur les œuvres de Vos mains une
étrange sculpture, toute sorte d'encoches et
de mutilations. Il est écrit en effet qu'il
vaut mieux entrer avec une jambe ou une
main dans le Royaume des Cieux, ou être
fait eunuque et borgne, que d'être précipité
dans le barathre avec ses quatre membres.
Et c'est pourquoi sans doute ce qui avait
commencé comme une statue finit sous
l'action du temps comme une clef, cette clef
qui serait inexplicable sans la serrure. Nous
sommes comme ce paysan imbécile dont
parle le Conte Chinois, qui ne pouvant
entrer par la porte étroite de sa maison
avec un bâton de porteur d'eau placé en
largeur sur ses épaules eut l'idée de le scier
en deux. Puisque nous n'avons pas l'idée
de nous placer nous-mêmes de profil, il faut

bien que notre Auteur en soupirant se résigne à nous couper par le milieu.

Seigneur, il a été écrit que « Tu ne convoiteras pas la servante du prochain ni son bœuf ni son âne ». Pourtant vous êtes celui qui prend sans avoir convoité à la manière de l'huissier et du percepteur et voilà que j'ai justement reçu à mon tour comme les camarades mon petit bout de papier timbré. Je vous donne donc volontiers mon bœuf maintenant qu'il a tracé tout autour de la terre ce sillon étroit où je regrette que si peu d'épis aient germé. Et je vous remets aussi sans larmes le licou de cet autre animal retentissant qui m'a rendu suffisamment ridicule. Mais je vous prie humblement que vous ne me preniez pas mon âme. Je suis vieux, j'ai mes habitudes avec elles, et je me demande ce que vous pourriez faire d'Anima défigurée par la nuit ! Ah, je croyais l'avoir bien cachée, mais je n'ai pu la dérober entièrement à cet espion qui pareil à la pleine Lune au milieu du ciel regarde par tous les trous de la muraille ! Je n'aurais jamais cru que vous la reconnaîtriez sous ce déguisement à la manière des Thibétains avec un mélange de graisse et de suie, c'est en vain que je lui ai rasé la tête comme on fait aux femmes Juives le jour de leurs noces. J'étais bien tranquille avec elle et pendant ces longues années de ma vie ce que je peux dire de mieux à son éloge c'est que c'était vraiment comme si elle n'existait pas. La maison était chaude, le dîner était à point, elle disait oui à tout ce que je proposais et je rends hommage à la manière dont elle savait s'effacer quand vraiment je n'avais pas besoin d'elle. Si parfois elle avait à dire deux ou trois mots, ce n'était jamais bien long et mon front irrité suffisait à la réduire au silence. C'est étonnant, tout ce que j'ai pu noircir de papier sans que jamais elle ait eu l'idée de regarder par-dessus mon épaule ! J'avoue donc que j'ai reçu un choc quand vraiment il n'y a pas eu moyen de ne pas m'apercevoir de cette correspondance clandestine. Quelqu'un est venu comme un voleur pendant que je dormais ou que j'égrenais raisonnablement mon chapelet. Anima n'est plus la même. Ce n'est pas à moi que s'adressent cette figure rayonnante et ces yeux qui ne sont plus de la terre et ces lèvres cruelles toutes frémissantes déjà d'un aveu que bientôt je serai impuissant à retenir ! Seigneur, je vous prie humblement que vous me rendiez cette Anima qui reste à Vos pieds et qui ne veut plus revenir avec moi sous prétexte qu'elle a choisi la meilleure part. Je me demande ce qu'elle va faire sans moi qui ai tellement plus de connaissance qu'elle et qui pourrais fort bien tout de même lui donner quelques conseils. Mais enfin c'est son affaire et la mienne est que la vieillesse approche. Qu'est-ce que je vais devenir sans Anima qui tenait mon ménage en ordre et qui même quand c'est vrai qu'elle ne disait pas grand'chose, elle était là ? Il ne me reste plus qu'à écosser les haricots un panier entre les jambes, comme les vieux de mon village en me souvenant des jours passés.

Novembre 1928.

# LE DÉPART DE LAO TZEU

# LE DÉPART DE LAO TZEU [1]

A mon ami Paul Petit.

Quand Lao tzeu, parvenu à un âge avancé, arriva au pied de cette passe de l'Ouest qu'il devait franchir le lendemain pour ne plus reparaître parmi les hommes, il alla présenter ses devoirs au Gouverneur de la localité-frontière, et pendant qu'ensemble ils prenaient le thé le Sage le félicita sur la situation agréable de la ville confiée à son administration. « J'ai passé ma vie, lui dit-il, dans une plaine sans horizon où les seuls bruits liquides que l'on entende sont les hoquets de cette sauce fangeuse que les pieds d'un rustique vont chercher au fond d'un trou pour la déverser, mêlée à leur propre sueur sur leur petit champ. Combien par contraste

[1] Pour servir de préface à une bibliographie.

il m'est agréable de saluer cette montagne
toute gazouillante de courants naturels et
d'en recevoir sur le visage le souffle salubre !
En vérité les administrés de Votre Excellence ont à la fois les avantages du déplacement et ceux de la sédentarité : car, habitants des premiers mouvements de la montagne, ils sont comme le voyageur qui vient
de prendre place sur sa bête et qui n'a plus
qu'à se laisser porter.

— Mais je vois, dit le Préfet, que vous-
même n'avez pas de cheval, à l'exception
de ces deux animaux lourdement chargés
qui vous suivent.

— La passe que j'ai à négocier, dit le
Sage, à ce que j'ai appris aujourd'hui, est
difficile et les forces d'une bête de somme
n'y suffiraient pas. C'est pourquoi je me
permets de solliciter votre obligeance. Ces
deux animaux ne sont pas chargés, comme
vous croyez, de marchandises destinées à
m'acquérir la bienveillance des étrangers.
Hélas ! ce ne sont que des ballots de livres,
tous les livres que j'ai écrits depuis le com-
mencement de mon pèlerinage littéraire, ou
plutôt toute la route étroite de papier blanc

que j'ai suivie depuis les jours de ma jeunesse avec chacun de mes pas marqué dessus en noir. Comment s'étonner que l'échine de ces pauvres serviteurs ploie sous un tel fardeau quand la route qu'ils ont sur le dos s'ajoute à celle qu'ils ont sous les pieds ? Si je les emmène avec moi les officiers de la Douane n'auront jamais fini de les examiner et je crains de ne pouvoir passer.

— Que faut-il donc que je fasse ? dit le Préfet. Ma maison est bien petite pour y emmagasiner tant de papier.

— Que Votre Excellence, se munissant d'un pinceau et d'un carnet, veuille bien seulement relever le titre de chacun de ces ouvrages ; qu'elle en marque soigneusement la date ; que se faisant apporter une balance, elle les pèse ; qu'elle en compte et recense les feuilles suivant leur dimension ; qu'elle marque tout cela sur une table préparée ; puis, par un jour de grand vent ayant fait amasser un bon tas de branches sèches et de pommes de pin, qu'elle livre joyeusement aux flammes le contenu de ces deux ballots. — Et en effet quand j'ai devant moi une route vivante à dévorer, ce que les gens m'ont entendu appeler autrefois le *Tao,* que voulez-vous que je fasse de ce cadavre de route qui s'attache à mes talons ? J'ai entendu parler d'un conquérant autrefois qui avait brûlé ses vaisseaux ; et moi ce ne sont pas des vaisseaux seulement, c'est la route d'un bout à l'autre à quoi je voudrais mettre le feu.

— Quoi, de tant de mots et de lignes, dit le Préfet, de tant de sentiments et d'idées, il ne restera plus rien ?

— Dites-vous, répondit Lao tzeu, qu'il ne restera plus rien, alors qu'il en reste le titre ? Que restera-t-il de votre père et de votre mère sinon leur nom respectueusement inscrit sur une tablette ? Ainsi un livre, quand nous en connaissons le titre, quand nous l'avons soupesé dans notre main, quand nous en avons étudié l'apparence, quand nous en avons respiré l'âme de ce trait unique de l'haleine qui suffit à un connaisseur pour l'épuiser, quel besoin y a-t-il de tout le reste ?

— C'est ce que fit, dit le Préfet, un certain empereur quand il livra aux flammes la Sagesse accumulée des académies.

— Mon ami Confucius, dit Lao tzeu, lui en a fait beaucoup de reproches, mais que voulait en réalité Sa Majesté sinon rendre hommage, suivant les devoirs de sa charge, au Ciel bleu par un sacrifice approprié ? Les paroles faites d'air et de salive n'appartiennent-elles pas au vent ? et les caractères noirs, se détachant par leur propre poids, quoi de meilleur pour faire de la cendre ?

— Je ferai, dit le Préfet, ce que vous me demandez, mais c'est un bien mince souvenir que vous allez laisser dans l'esprit des hommes.

— Que reste-t-il d'un ami disparu ? dit Lao tzeu. Non pas toute sa biographie et l'encombrant mémorial d'une existence compliquée, mais un épisode familier, une phrase dont on ne se rappelle pas la fin, une simple intonation, et cela nous suffit à le faire revivre. Ainsi en ce moment vous contemplez ma figure où le temps a inscrit son document fait de mille lignes déliées, vous appréciez ce crâne monumental, accru par la Sagesse, qui plus tard fera l'admiration des peintres. Mais demain quand je vous tournerai le dos vous ne verrez plus que

ma forme et mon allure. Quand j'arriverai
à ce petit temple là-haut au premier tournant du chemin vous pourrez distinguer
encore ce signe d'amitié que je vous adres-
serai. Plus tard il n'y aura plus qu'une
tache blanche. Plus haut encore vous ne
verrez plus rien, sinon le vol irrité de ces
corneilles que mon pas aura dérangées. Et
plus tard encore en prêtant l'oreille si vous
entendez quelque chose, ce sera cette pierre
que mon pied fait rouler au fond d'un pré-
cipice imperceptible.

— Et quel est, dit le Préfet, cette mince
fumée, ce léger filet que je vois s'élever au
ciel dans l'ouverture de la passe ?

— Ce sont mes deux sandales de paille,
dit Lao tzeu, que je brûle, n'en ayant plus
besoin ; ce sont mes sandales de pèlerin que
j'offre en sacrifice aux génies de la Montagne !

*Mount Kisco*, N. Y., 14 juin 1931.

# UN REGARD EN ARRIÈRE

*Nous n'irons plus au bois, les lauriers sont coupés !* Jacques Madaule que voilà en a fait une si copieuse guirlande qu'il ne me laisse plus que le rôle d'y mêler quelques feuilles médicinales et d'en soupeser, de ce regard *ennemi* dont parle Mallarmé, les éléments entrelacés. Sur son invitation à la table desservie je vois de nouveau s'installer un convive imaginaire, celui qui, après m'avoir si longtemps entraîné ne faisait que m'accompagner d'un pas chaque jour davantage appesanti et distancé. Tant d'aventures de l'âme, de l'esprit et de la chair que j'ai vécues, si je puis dire, à plein cœur et à grands cris, il me faut en entendre de nouveau de sa bouche le récit à voix basse et en déchiffrer la leçon rétrospective. Cette

confrontation, ce tête-à-tête de l'homme et
de l'auteur, de la vocation et de l'œuvre,
il n'est pas toujours possible, aux différents
paliers de l'âge, de l'esquiver, et voici ce
beau livre de Madaule sur ma table qui de
nouveau m'en apporte l'occasion austère.
Un convive ? disais-je tout à l'heure, un
compagnon ? disons plutôt un espion, un
traître, un parodiste, cette empreinte gesti-
culante, contrefaite et sommaire que laisse
de soi-même sur le mur blanc tout homme
qui a fait le faux pas de s'interposer du
mauvais côté de la chandelle, ce camelot
chargé de faire le boniment à la porte d'une
toile peinte ! Le voici donc de nouveau avec
moi, ce P. C., ce P. P. C., que j'étais si
heureux de croire définitivement englouti
sous les ruines fumantes à Tokyo de sa
cabane diplomatique ! Il n'est pas seul, il a
emmené avec lui toute une procession transparente, le quatuor vocal, la tribu intérieure,
tous ces gens en nous faits d'une voix, d'un
nom et d'un bout de visage, tout ce dialogue
en nous femelle et mâle, tous ces dépouillés
à la recherche de leur peau, toutes ces
ombres afin d'être qui profitent de notre

cavité ! Que de discussions avec ces fantômes, que de *pow wows* à la clarté d'un feu de bivouac, que d'efforts pleins d'objections, de caresses, de menaces, d'implorations et de commentaires, que de récits à épuiser jusqu'à la dernière goutte avant d'avoir réussi à les refouler pour négocier la passerelle et le col ! Maintenant il y a dix ans que le dernier m'a quitté, ou plutôt c'est moi qui à partir de cette raie dans la poussière n'ai cessé de multiplier la distance sur une route abandonnée par la lune. J'ai laissé bien loin derrière moi cette maison solitaire dont le feu chaque nuit se reflétait sur l'Océan, et ce monstre aussi dans le cimetière chinois, ce géant qui d'un puissant coup de reins, s'élevait comme un monument, emportant de tous côtés avec lui à chaque branche le paquet débridé de ses racines ! Maintenant mon pied sous l'herbe se heurte à une pierre sans titre et mon regard ne va plus dans le ciel qu'à un arbre abrégé. Qu'importe le sillage qui s'efface, qu'importe la route derrière moi dont j'ai revu un moment à la crête des collines successives luire et s'éteindre la coche oblitérée ? C'est devant moi qu'il faut regarder, le sol manque, il n'y a plus d'espérance que dans la verticale. En avant ! Sens unique ! (1).

Paris, le 31 décembre 1935.

(1) Pour servir de préface au livre de Jacques Madaule, *Le Drame de Paul Claudel*.

# FIN

# TABLE DES MATIÈRES

Les Quatre animaux sages (ou Quelques principes d'exégèse) . . . . . . . 9

Mort de Judas . . . . . . . . 17

Le Point de vue de Ponce Pilate . . 41

Le Jardin aride . . . . . . . . 69

Le Marchand de colombes . . . . . 81

La Légende de Prâkriti . . . . . . 105

Richard Wagner . . . . . . . . 163

Smara . . . . . . . . . . 215

La Pérégrination nocturne . . . . . 221

La Salle d'attente . . . . . . . 229

Le Voleur volé . . . . . . . . 241

Le Départ de Lao tzeu . . . . . . 251

Le Regard en arrière . . . . . . 259

*Œuvres de Paul Claudel (suite)*

LA SAGESSE OU LA PARABOLE DU FESTIN.

JEANNE D'ARC AU BÛCHER.

L'HISTOIRE DE TOBIE ET DE SARA.

LE SOULIER DE SATIN, *édition abrégée pour la scène.*

L'ANNONCE FAITE À MARIE, *édition définitive pour la scène.*

PARTAGE DE MIDI.

PARTAGE DE MIDI, *nouvelle version pour la scène.*

THÉÂTRE (2 vol., *Bibliothèque de la Pléiade*).

MORT DE JUDAS – LE POINT DE VUE DE PONCE PILATE.

*Prose*

POSITIONS ET PROPOSITIONS, I et II.

L'OISEAU NOIR DANS LE SOLEIL LEVANT.

CONVERSATIONS DANS LE LOIR-ET-CHER.

FIGURES ET PARABOLES.

LES AVENTURES DE SOPHIE.

UN POÈTE REGARDE LA CROIX.

L'ÉPÉE ET LE MIROIR.

ÉCOUTE, MA FILLE.

TOI, QUI ES-TU?

SEIGNEUR, APPRENEZ-NOUS À PRIER.

AINSI DONC ENCORE UNE FOIS.

CONTACTS ET CIRCONSTANCES.

DISCOURS ET REMERCIEMENTS.

L'ŒIL ÉCOUTE.

ACCOMPAGNEMENTS.

EMMAÜS.

UNE VOIX SUR ISRAËL.

L'ÉVANGILE D'ISAÏE.

LE LIVRE DE RUTH.

PAUL CLAUDEL INTERROGE L'APOCALYPSE.

PAUL CLAUDEL INTERROGE LE CANTIQUE DES CANTIQUES.

LE SYMBOLISME DE LA SALETTE.

PRÉSENCE ET PROPHÉTIE.

LA ROSE ET LE ROSAIRE.

TROIS FIGURES SAINTES.

VISAGES RADIEUX.

QUI NE SOUFFRE PAS... (Réflexions sur le problème social.) *Préface et notes de Hyacinthe Dubreuil.*

MÉMOIRES IMPROVISÉS, *recueillis par Jean Amrouche.*

CONVERSATION SUR JEAN RACINE.

ŒUVRES EN PROSE (1 vol. *Bibliothèque de la Pléiade*).

MORCEAUX CHOISIS.

PAGES DE PROSE, *recueillies et présentées par André Blanchet.*

LA PERLE NOIRE, *textes recueillis et présentés par André Blanchet.*

JE CROIS EN DIEU, *textes recueillis et présentés par Agnès du Sarment. Préface du R. P. Henri de Lubac, S. J.*

AU MILIEU DES VITRAUX DE L'APOCALYPSE. *Dialogues et lettres accompagnés d'une glose. Édition établie par Pierre Claudel et Jacques Petit.*

*Correspondance*

CORRESPONDANCE AVEC ANDRÉ GIDE (1899-1926). *Préface et notes de Robert Mallet.*

CORRESPONDANCE AVEC ANDRÉ SUARÈS (1904-1938). *Préface et notes de Robert Mallet.*

CORRESPONDANCE AVEC FRANCIS JAMMES ET GABRIEL FRIZEAU (1897-1936) AVEC DES LETTRES DE JACQUES RIVIÈRE. *Préface et notes d'André Blanchet.*

JOURNAL (2 vol. *Bibliothèque de la Pléiade*).

ŒUVRES COMPLÈTES *vingt-huit volumes parus.*

CAHIERS PAUL CLAUDEL.

    I. « TÊTE D'OR » ET LES DÉBUTS LITTÉRAIRES.

    II. LE RIRE DE PAUL CLAUDEL.

III. CORRESPONDANCE PAUL CLAUDEL-DARIUS MIL-HAUD 1912-1953.

IV. CLAUDEL DIPLOMATE.

V. CLAUDEL HOMME DE THÉÂTRE.

VI. CLAUDEL HOMME DE THÉÂTRE : CORRESPONDANCE AVEC COPEAU, DULLIN, JOUVET.

VII. LA FIGURE D'ISRAËL.

VIII. CLAUDEL ET L'UNIVERS CHINOIS.

IX. PRAGUE.

X. CORRESPONDANCE PAUL CLAUDEL, JEAN-LOUIS BARRAULT.

XI. CLAUDEL AUX ÉTATS-UNIS 1927-1933.

XII. CORRESPONDANCE PAUL CLAUDEL-JACQUES RIVIÈRE, 1907-1924.

XIII. LETTRES DE PAUL CLAUDEL À ÉLISABETH SAINT-MARIE PERRIN ET AUDREY PARR.

*Reproduit et achevé d'imprimer
par l'Imprimerie Floch
à Mayenne, le 10 juin 1993.
Dépôt légal : juin 1993.
1ᵉʳ dépôt légal : avril 1936.
Numéro d'imprimeur : 34385.*
ISBN 2-07-021498-2 / Imprimé en France.